LE LIVRE DE LA JUNGLE

Collection « Références » dirigée par
Claude Aziza

L'« Entracte » a été imaginé par
Annie Collognat

Rudyard KIPLING

Le livre
de la jungle

Traduction de Magali MERLE

Loi n° 49 956 du 16 juillet 1949 sur les publications destinées à la jeunesse : mai 1995.

© 1995, Pocket, pour la présente édition et le cahier « Entracte ».

ISBN 2-266-06644-7

Rudyard Kipling.
Portrait au crayon par William Strang.

LES FRÈRES DE MOWGLI

Voici que Chil le Vautour ramène la nuit à son tour,
Que Mang la Chauve-Souris délivre de ses chaînes.
Enfermés sont les troupeaux, dans l'étable et ·l'enclos,
Car la terre est à nous, jusqu'à l'aube prochaine.
Voici que l'heure s'amorce, de la fierté et de la force
Serre, croc et ongle.
Cet appel est pour vous – Oh! Bonne Chasse à vous
Tous qui honorez la Loi de la Jungle!

Chanson de nuit dans la Jungle.

A sept heures, par une soirée très chaude, sur les collines de Seeonee (1), Père Loup s'éveilla de son repos diurne, et se mit à bâiller, se gratter et étirer ses pattes l'une après l'autre pour chasser la sensation de torpeur qui engourdissait leurs extrémités. Mère Louve était allongée, son gros museau gris fourré au milieu de ses quatre jeunes, folâtres et braillards, et la lune éclairait l'entrée de la grotte où ils vivaient tous.

– Augrh! dit Père Loup, l'heure est venue de se remettre en chasse.

Et il allait dévaler la colline quand une petite ombre à queue touffue vint franchir le seuil de la grotte en couinant :

– La chance soit avec toi, ô Chef des Loups; la

chance et de fortes dents blanches soient avec ces nobles enfants, et puissent-ils ne jamais oublier les affamés en ce monde.

C'était le chacal – Tabaqui, le Lèche-Plat. Et les loups de l'Inde sont pleins de mépris pour Tabaqui, parce qu'il rôde partout, prompt à la farce et au ragot, se nourrissant de peilles et de bouts de cuir glanés sur les tas d'ordures des villages. Mais il leur inspire aussi de la crainte : en effet, plus que quiconque dans la Jungle, Tabaqui est guetté par la rage; oubliant alors toutes ses peurs antérieures, il sillonne la forêt mordant tout sur son passage. Même le tigre part en courant se cacher lorsque la rage s'empare de Tabaqui, car pour un animal sauvage, il n'est pire disgrâce que d'être frappé de rage. Nous l'appelons hydrophobie, mais pour eux, c'est *dewanee* – la rage –, et ils se sauvent.

– C'est bon, entre et regarde, dit Père Loup sèchement. Mais il n'y a rien à manger ici.

– Rien, certes, pour un loup, dit Tabaqui; mais pour un être tel que moi, qui suis si peu de chose, un os est tout bonnement un festin. Nous autres, le *Gidur-log* (le Peuple-Chacal), qui sommes-nous pour faire la fine bouche?

Il se rua vers le fond de la grotte, où il trouva un os de daim, encore un peu garni de viande; il s'assit et se mit à en craquer le bout avec entrain.

– Grand merci pour ce bon repas, dit-il en se léchant les babines. Comme ils sont beaux, ces nobles enfants! Quels grands yeux! Et cependant si jeunes! En vérité, en vérité, j'aurais pu m'en souvenir, les enfants des Rois sont maîtres sitôt nés.

A la vérité, Tabaqui savait parfaitement qu'il est tout à fait fâcheux de se répandre en compliments sur des enfants en leur présence, et il se délectait d'observer les airs gênés de Mère et Père Loup.

Campé sur son séant, Tabaqui savoura un

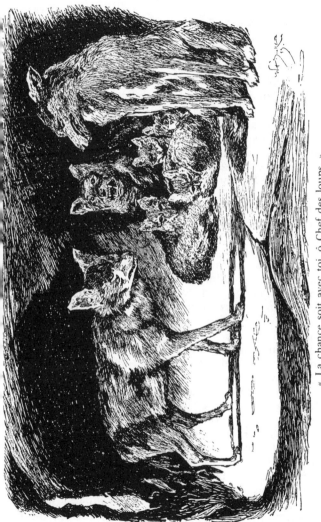

« La chance soit avec toi, ô Chef des loups. »

moment l'effet de son mauvais tour; puis il dit sans aménité :

– Shere Khan, le Grand, change de terrain de chasse. A ce qu'il m'a dit, c'est ici, sur ces collines, qu'il chassera pour la durée de la prochaine lune.

Shere Khan, c'était le tigre qui vivait près du fleuve Waingunga (2), à vingt milles de là.

– Il n'en a pas le droit! lança Père Loup avec rage. La Loi de la Jungle lui interdit de changer ses quartiers sans préavis. Il va terroriser tout le gibier à dix milles à la ronde, et moi... moi, je dois doubler mes prises ces temps-ci.

– Ce n'est pas pour rien que sa mère l'a nommé Lungri (le Boiteux), dit Mère Louve avec calme. Il a une boiterie dans une patte depuis sa naissance. Voilà pourquoi il n'a jamais pu tuer que du bétail. A présent, les villageois de la Waingunga sont furieux contre lui, et le voilà qui arrive ici pour éveiller la fureur de nos propres villageois. Ils vont battre la Jungle à sa recherche alors qu'il sera loin, mais nous et nos enfants, nous devrons nous enfuir lorsque l'herbe sera tout embrasée. Ah, vraiment, nous sommes très reconnaissants à Shere Khan!

– Dois-je lui faire part de votre gratitude? dit Tabaqui.

– Ouste! fit Père Loup. Va-t'en chasser avec ton maître. Tu as fait assez de mal pour une nuit.

– Je m'en vais, reprit Tabaqui avec calme. Entendez-vous Shere Khan, en bas, dans les fourrés? J'aurais pu me dispenser de transmettre le message.

Père Loup prêta l'oreille. En bas, dans la vallée dont les pentes menaient à une petite rivière, il entendit la plaintive psalmodie rauque, chargée de colère et de hargne, d'un tigre bredouille qui n'a cure que toute la Jungle en soit avertie.

– L'imbécile! dit Père Loup. Commencer une nuit de travail par un tel vacarme! S'imagine-t-il que nos daims sont semblables à ses gras bovins de la Waingunga?

– Chut! Cette nuit, il ne chasse ni le bœuf ni le daim, dit Mère Louve. Il chasse l'Homme.

La plainte avait fait place à une sorte de ronronnement bourdonnant qui semblait provenir des quatre points cardinaux. Le fameux bruit qui désoriente les bûcherons et les gitans dormant à la belle étoile, et les amène à courir parfois dans la gueule même du tigre.

– L'Homme! dit Père Loup, dans un éclat de ses dents blanches. N'y a-t-il pas assez de cafards et de grenouilles dans les citernes, qu'il lui faille manger l'Homme, et sur notre territoire, en plus?

La Loi de la Jungle, qui n'ordonne jamais rien pour rien, interdit à tout animal de manger l'homme, sauf lorsqu'il tue pour montrer à ses enfants comment on tue, et dans ce cas, il doit opérer hors des terrains de chasse de son clan ou de sa tribu. Ceci, pour la bonne raison que meurtre d'homme entraîne tôt ou tard, l'apparition d'hommes blancs armés de fusils et juchés sur des éléphants, et d'hommes bruns par centaines, munis de gongs, de fusées et de torches. Alors, dans la jungle, nul n'est à l'abri de la souffrance. Parce que, disent les bêtes entre elles, l'Homme étant le plus faible et le plus désarmé des vivants, il est déloyal d'y toucher. Elles ajoutent – et c'est la vérité – que le mangeur d'hommes devient galeux et perd ses dents.

Le ronronnement prit de l'ampleur et s'acheva en un « Aaarh » lancé à pleine gorge : la charge du tigre. Aussitôt suivi d'un hurlement – fort peu tigresque.

– Shere Khan a manqué sa proie, dit Mère Louve. Qu'est-ce que c'est?

S'éloignant de quelques pas, Père Loup entendit Shere Khan grogner et grommeler avec rage, prisonnier des broussailles.

– L'imbécile n'a pas trouvé mieux que de sauter

sur le feu de camp d'un bûcheron; et il s'est brûlé les pattes, dit Père Loup dans un grognement. Tabaqui est avec lui.

– Quelque chose monte la colline, dit Mère Louve en dressant une oreille. Tiens-toi prêt.

Il y eut un léger froissement de broussailles dans le fourré. Père Loup, l'arrière-train bien ramené sous lui, se ramassa, prêt à bondir. Alors, si vous aviez été là, vous auriez vu la chose la plus étonnante du monde : le loup arrêté à mi-bond. Il avait pris son élan avant même d'avoir vu sa cible; et à sa vue, il tenta de se bloquer, ce qui le fit jaillir à quatre ou cinq pieds du sol, tout droit en l'air, et retomber presque sur place.

– Un homme! lança-t-il brusquement. Un petit d'homme. Regarde!

Juste sous ses yeux, soutenu par une branche basse, se tenait en effet un bébé brun tout nu, à peine solide sur ses jambes – le plus doux et le plus potelé petit atome qu'on ait jamais vu se présenter devant la grotte d'un loup la nuit. Il leva les yeux sur Père Loup, le regarda bien en face et se mit à rire.

– Est-ce donc là un petit d'homme? dit Mère Louve. Je n'en ai jamais vu. Apporte-le par ici.

Habitué à déplacer ses propres petits, un loup est tout à fait capable, s'il le faut, de prendre un œuf dans sa gueule sans le briser; ainsi, Père Loup referma ses mâchoires en plein sur le dos de l'enfant, mais lorsqu'il le déposa au milieu de ses petits, la peau du bébé ne portait pas la moindre trace d'égratignure.

– Qu'il est petit! Qu'il est nu!... Et qu'il est hardi! fit Mère Louve avec douceur. Mêlé aux petits, le bébé essayait de se faire une place contre le flanc tiède. – Ah, ah! Le voilà qui prend son repas avec les autres! C'est donc ça, un petit d'homme. Voyons, y eut-il jamais une louve qui pût se glorifier de compter un petit d'homme parmi ses enfants?

– Une telle chose s'est déjà produite, à ce que j'ai entendu dire, à diverses reprises, mais pas dans notre Clan ni de mon vivant, dit Père Loup. Il n'a pour ainsi dire pas un poil; et il me serait facile de le tuer en l'effleurant d'une patte. Mais, regarde, il lève les yeux vers moi et n'éprouve pas de peur.

La grosse tête carrée et la forte carrure de Shere Khan vinrent brusquement s'encadrer dans l'entrée de la grotte, la plongeant dans les ténèbres. Tabaqui, derrière lui, couinait.

– Seigneur, monseigneur, il est entré ici!

– Shere Khan nous fait grand honneur, dit Père Loup, les yeux mauvais. Que désire Shere Khan?

– Ma proie. Un petit d'homme s'est réfugié ici, dit Shere Khan. Ses parents se sont enfuis. Donne-le-moi.

Père Loup l'avait bien dit, Shere Khan avait sauté sur le feu de campement d'un bûcheron et la douleur de la brûlure aux pattes le rendait furieux. Mais Père Loup savait l'entrée de la grotte trop exiguë pour un tigre. Même là, les épaules et les pattes avant de Shere Khan se trouvaient vraiment à l'étroit, tel un homme qui tenterait de combattre dans un tonneau.

– Les Loups sont un peuple libre, dit Père Loup. Ils obéissent au Chef du Clan, pas à un tueur de bétail à rayures. Ce petit d'homme est à nous. Sa vie dépend de notre décision.

– Vous décidez que oui, vous décidez que non! Qui parle ici de décision? Par le taureau que j'ai tué, vais-je devoir rester à renifler votre camfouine de chiens dans l'attente de mon dû le plus strict? C'est moi, Shere Khan, qui parle.

Le rugissement du tigre emplit la grotte de vacarme. D'une secousse, Mère Louve se débarrassa de ses petits; elle s'élança, les yeux comme deux lunes vertes dans les ténèbres, défiant les yeux flamboyants de Shere Khan.

– Et c'est moi, Raksha (le Démon), qui réponds. Le petit d'homme m'appartient, Lungri, m'appartient, à moi! Il ne sera point tué. Il vivra, pour courir avec le Clan et pour chasser avec le Clan; et à la fin, prends-y garde, chasseur de petits tout nus, mangeur de grenouilles, tueur de poissons, c'est toi, oui, toi, qu'il chassera! A présent, hors d'ici, ou par le Sambhur (3) que j'ai tué (moi, pour ma part, je ne me nourris pas de bétail famélique), je te dépêche vers ta mère plus boiteux qu'à ta venue au monde, bête brûlée de la Jungle! Va-t'en!

Père Loup observait la scène, stupéfait. Avait-il donc oublié le temps où il avait conquis Mère Louve de haute lutte loyale contre cinq autres loups, où elle fit son entrée dans le Clan, au nom amplement justifié de Démon? Shere Khan aurait pu tenir tête à Père Loup, mais contre Mère Louve, c'était perdu d'avance : il savait bien que, dans la position où il se trouvait, elle gardait tout l'avantage du terrain et qu'elle combattrait jusqu'à la mort. Aussi, à reculons, libéra-t-il l'entrée de la grotte dans un grognement. Une fois dégagé, il cria :

– Chaque chien aboie dans sa propre cour! Nous verrons ce que dira le Clan, de cet élevage de petit d'homme. Le petit est à moi, il finira bien par tomber sous ma dent, ô voleurs à queue touffue!

Pantelante, Mère Louve se jeta à terre parmi les petits et Père Loup dit avec gravité :

– Sur ce point, Shere Khan a raison. Le petit doit être présenté au Clan. Désires-tu toujours le garder, Mère?

Elle haleta.

– Le garder! Il est venu tout nu, la nuit, seul, affamé, et cependant sans peur! Regarde, il a déjà poussé de côté un de mes enfants. Et ce boucher boiteux l'aurait tué, filant ensuite vers la Waingunga cependant que les villageois ici auraient lancé par représailles une battue sur toutes nos tanières! Le garder? Assurément, je veux le garder. Couche-toi sans crainte, petite grenouille. Ô toi, Mowgli – oui, ainsi te nommerai-je, Mowgli la Grenouille – le temps viendra où tu chasseras Shere Khan comme il t'a chassé.

– Mais que dira notre Clan? dit Père Loup.

La Loi de la Jungle autorise très clairement chaque loup, lors de son mariage, à se retirer du Clan auquel il appartient; mais dès que ses petits sont capables de se tenir sur leurs pattes, il doit les amener au Conseil du Clan, qui se réunit généralement une fois par mois à la pleine lune, afin que les autres loups puissent les identifier. Après cette inspection, les petits sont libres de courir où ils veulent; et si un loup adulte tue l'un d'entre eux avant qu'il ait lui-même tué son premier daim, aucune excuse n'est admise : c'est la mise à mort du meurtrier, séance tenante; et à y bien réfléchir, il doit en être ainsi, c'est l'évidence.

Dès que ses petits furent capables de courir çà et là, Père Loup, la nuit de l'Assemblée, les emmena, ainsi que Mowgli et Mère Louve, au Rocher du Conseil – un amas de pierres et de caillasse au sommet d'une colline, où pouvaient s'isoler une centaine de loups. Akela, le grand Loup gris Solitaire, qui dirige tout le Clan par puissance et finesse, était étendu de tout son long sur son roc; en contrebas siégeait une bonne quarantaine de loups de toutes tailles et de toutes robes, depuis les vétérans couleur de blaireau, capables de venir à bout d'un daim sans aide aucune, jusqu'aux jeunes loups noirs de trois ans qui, eux, s'en croyaient capables. Cela faisait déjà une année que le Loup Solitaire était à leur tête. Au temps de sa jeunesse, par deux fois il était tombé dans un piège à loups, et une autre fois, on l'avait tabassé et laissé pour mort : il connaissait donc bien les us et coutumes des hommes. On ne parlait que très peu, sur le Rocher. Les petits se culbutaient à qui mieux mieux au centre du cercle formé par leurs mères et leurs pères; de temps à autre, un loup plus âgé se dirigeait tranquillement vers un jeune, le regardait avec attention et regagnait sa place à pas feutrés. Parfois, craignant de le voir passer inaperçu, une mère poussait son petit en plein clair de lune. Et Akela, de son roc, lançait :

– Vous connaissez la Loi – vous connaissez la Loi. Regardez bien, ô Loups!

Et les mères inquiètes reprenaient le cri :

– Regardez – regardez bien, ô Loups!

A la fin – et tous les poils du cou de Mère Louve se hérissèrent à cette minute –, Père Loup poussa « Mowgli la Grenouille », comme ils l'appelaient, au milieu du cercle, où il resta assis, à rire et à jouer avec des galets qui luisaient au clair de lune.

Akela, le museau toujours entre les pattes, continuait sa mélopée :

– Regardez bien!...

Un rugissement étouffé partit de derrière les rochers – c'était la voix de Shere Khan.

– Le petit est à moi. Donnez-le-moi. Le Peuple Libre, qu'a-t-il à faire d'un petit d'homme?

Impassible jusqu'au bout des oreilles Akela dit simplement :

– Regardez bien, ô Loups! Le Peuple Libre, qu'a-t-il à faire des ordres de quiconque n'appartient pas au Peuple Libre? Regardez bien!

Il y eut un chœur de grognements profonds, et un jeune loup de trois ans et plus retourna brusquement à Akela la question de Shere Khan :

– Le Peuple Libre, qu'a-t-il à faire d'un petit d'homme?

Or, la Loi de la Jungle stipule que si l'admission d'un petit dans le Clan fait l'objet d'une contestation, ce dernier doit être défendu par au moins deux membres du Clan, à l'exclusion de son père et de sa mère.

– Qui parle en faveur de ce petit? dit Akela. Parmi le Peuple Libre, qui parle?

Nulle réponse. Mère Louve se prépara à livrer un combat, qui serait pour elle le dernier, elle le savait bien, si on en venait à cette extrémité.

C'est alors que Baloo, le seul étranger au Clan admis au Conseil, Baloo, l'ours brun somnolent chargé d'enseigner aux louveteaux la Loi de la Jungle, le vieux Baloo qui va et vient partout à sa guise parce qu'il se nourrit exclusivement de noix, de racines et de miel, Baloo se dressa sur son séant et grommela.

– Le petit d'homme – le petit d'homme? Eh bien, oui, moi, je parle en faveur du petit d'homme. C'est inoffensif, un petit d'homme. Je n'ai aucun don de parole, mais je dis la vérité. Qu'il coure avec le Clan et soit inscrit avec les autres. Je me charge de son éducation.

– Il faut encore quelqu'un d'autre, dit Akela. Baloo a parlé; il est le maître de nos jeunes. Qui se joint à Baloo?

Une ombre noire tomba au milieu du cercle. C'était Bagheera, la Panthère Noire; sa robe est noir d'encre, mais sous certains jours, elle laisse deviner les taches spécifiques, comme le motif de la soie moirée. Chacun connaissait Bagheera; nul ne se souciait de se trouver sur son chemin; car elle a la ruse de Tabaqui, l'intrépidité du buffle sauvage, la folle témérité de l'éléphant blessé; mais sa voix a la suavité du miel sauvage ruisselant des arbres, et sa peau, plus de douceur que le duvet.

– Ô Akela, et vous, Peuple Libre, susurra-t-elle, je n'ai aucun droit dans votre assemblée; mais la Loi de la Jungle dit que, hormis pour un meurtre, s'il s'élève un doute à propos d'un nouveau petit, on peut racheter la vie de ce petit si on y met le prix. Et la Loi ne dit pas qui a ou n'a pas le droit de payer ce prix. Ai-je raison?

– Parfait! Parfait! firent les jeunes loups, qui ont toujours faim. Bagheera parle d'or. Le petit peut être racheté. C'est la Loi.

– Sachant que je n'ai nul droit de parole ici, je demande votre permission.

– Parle donc, crièrent vingt voix.

– Tuer un petit tout nu est une honte. En outre, une fois grand, il pourra peut-être améliorer votre chasse. Baloo a parlé en sa faveur. A présent, à la parole de Baloo, j'ajouterai l'offre d'un taureau, bien gras, fraîchement tué, à un demi-mille d'ici à peine, si vous déclarez accepter le petit d'homme, conformément à la Loi. Objection?

S'ensuivit une cacophonie de voix mêlées. « Qu'importe? Il mourra sous les pluies d'hiver. Il grillera au soleil. Quel mal peut nous faire une grenouille nue? Qu'il coure avec le Clan. Où est-il, ce taureau, Bagheera? Soit, acceptons le petit. » Et Akela lança de nouveau son aboiement profond :

– Regardez bien, regardez bien, ô Loups!

Toujours plongé dans la contemplation des galets, Mowgli ne prêta aucune attention aux loups qui vinrent un à un l'examiner. A la fin, dévalant la colline, ils partirent tous à la recherche du taureau mort. Il ne resta plus que Akela, Bagheera, Baloo et les loups de Mowgli. Shere Khan rugissait encore dans la nuit, exhalant sa rage d'avoir échoué à se faire livrer Mowgli.

– C'est ça, tu peux rugir, dit Bagheera dans ses moustaches; le temps viendra où cette petite chose nue te fera rugir sur un autre ton, ou je ne connais rien à l'Homme.

– Ce fut bien joué, dit Akela. Les hommes et leurs petits sont très avisés. Le moment venu, il pourra être d'un grand secours.

– Certes, un grand secours, le moment difficile venu; car nul ne peut espérer mener le Clan à jamais, dit Bagheera.

Akela ne pipa mot. Il pensait à ce temps, qui vient pour chaque chef de chaque clan, où ses forces l'abandonnent et où, s'affaiblissant de jour en jour,

Se couchant de tout son long sur une branche,
Bagheera appelait, « Viens par ici, Petit Frère ».

il finit par être tué par les loups et remplacé par un nouveau chef – soumis à son tour au même destin.

– Emmène-le, dit-il à Père Loup, et dresse-le comme il sied à un fils du Peuple Libre.

Et c'est ainsi que Mowgli fut admis dans le Clan des Loups de Seeonee, pour le prix d'un taureau et la parole de Baloo.

Maintenant, vous devez accepter de sauter dix ou onze années entières et tenter d'imaginer l'étonnante existence que Mowgli mena parmi les loups, parce que l'écrire exigerait je ne sais combien de volumes. Il grandit avec les louveteaux – mais naturellement, eux étaient déjà loups quand lui-même était encore à peine enfant; Père Loup lui enseigna sa besogne et la signification des choses de la Jungle, si bien que chaque bruissement dans l'herbe, chaque souffle de l'air chaud dans la nuit, chaque note des hiboux au-dessus de sa tête, chaque égratignure des griffes de la chauve-souris sur l'arbre où elle juche un moment, chaque floc du moindre petit poisson sautant dans la mare, prirent à ses yeux autant d'importance que pour un homme d'affaires son travail de bureau. Quand il n'apprenait pas, il s'installait au soleil, dormait, mangeait et se rendormait; quand il se sentait sale ou qu'il avait trop chaud, il allait nager dans les mares de la forêt; et quand il avait envie de miel (Baloo lui avait dit qu'il était tout aussi agréable de manger du miel et des noix que de la viande crue), il grimpait en chercher dans les arbres, et ça, il le devait à Bagheera. Se couchant de tout son long sur une branche, Bagheera appelait : « Viens par ici, Petit Frère! »; au début, Mowgli se cramponnait comme le paresseux, puis il apprit à se lancer à travers les branches presque aussi hardiment que le singe gris. Il prit place au Rocher du Conseil, également, lors des assemblées du Clan, et là, il découvrit que s'il

fixait un loup du regard, le loup se voyait immanquablement forcé de baisser les yeux : ainsi faisait-il
pour s'amuser. Il lui arrivait aussi d'arracher les
longues épines des coussinets de ses amis, car les
loups souffrent terriblement des épines, et aussi des
bogues qui se logent dans leur fourrure. Il descendait dans la vallée la nuit, vers les terres cultivées,
et regardait avec une grande curiosité les villageois
dans leurs huttes, mais il se méfiait des hommes,
parce que Bagheera lui avait montré une boîte
carrée avec une grille si ingénieusement dissimulée
dans la Jungle qu'il avait failli marcher dessus, et lui
avait dit que c'était un piège. Ce qu'il aimait par-
dessus tout, c'était de s'enfoncer avec Bagheera au
cœur tiède et noir de la forêt, d'y dormir tout le
long de la lourde journée et la nuit venue, d'assister
aux mises à mort de Bagheera. Bagheera tuait tous
azimuts selon sa faim et Mowgli faisait de même – à
une exception près. Dès qu'il fut en âge de
comprendre, Bagheera lui dit qu'il ne devait jamais
toucher au bétail, parce que son admission dans le
Clan s'était faite au prix de la vie d'un taureau.

– Toute la Jungle t'appartient, dit Bagheera, et tu
peux y tuer tout ce que tu es assez fort pour tuer;
mais par égard pour ce taureau, tu ne dois jamais
tuer ni manger de bétail, jeune ou vieux. C'est la Loi
de la Jungle.

Mowgli s'y conforma fidèlement.

Ainsi il grandit et forcit comme il est normal pour
un garçon qui n'a pas conscience d'apprendre des
leçons et dont l'unique préoccupation au monde est
de trouver à manger.

Une fois ou deux, Mère Louve l'avertit qu'il fallait
se méfier de Shere Khan, et qu'un jour il aurait à
tuer Shere Khan. Un jeune loup n'aurait eu garde
d'oublier ce conseil, même une heure, mais Mowgli
l'oublia, parce qu'il n'était qu'un garçon – pourtant,
il se serait donné le nom de loup, s'il avait su parler
une langue humaine.

Shere Khan se trouvait tout le temps sur son chemin dans la Jungle; en effet, comme Akela vieillissait et s'affaiblissait, le tigre boiteux s'était lié de grande amitié avec les jeunes loups du Clan; ils le suivaient pour avoir des restes, chose que jamais Akela n'eût permise s'il avait osé faire usage de toute son autorité. Shere Khan aussi les flattait, s'étonnant de voir de si bons jeunes chasseurs accepter de se laisser mener par un loup moribond et un petit d'homme.

– A ce qu'on m'a dit, ajoutait Shere Khan, au Conseil, vous n'osez pas le regarder dans les yeux. Et les jeunes loups de grogner et de se hérisser.

Bagheera, qui avait les yeux et les oreilles partout, eut vent de ces propos et une fois ou deux, elle dit carrément à Mowgli qu'un jour Shere Khan le tuerait; et Mowgli répondit en riant :

– J'ai pour moi le Clan, j'ai toi; et Baloo, malgré sa grande paresse, pourrait bien donner un ou deux coups de patte pour me sauver. Pourquoi donc avoir peur?

Par une très chaude journée, une nouvelle idée vint à Bagheera, née de quelque propos entendu, rapporté peut-être pas Ikki, le Porc-Epic; en tout cas, lorsqu'ils furent au plus profond de la Jungle, Bagheera dit à Mowgli, couché, la tête sur son beau pelage noir de panthère :

– Petit Frère, combien de fois t'ai-je averti que Shere Khan est ton ennemi?

– Autant de fois qu'il y a de fruits dans ce palmier, dit Mowgli qui, naturellement, ne savait pas compter. Et après? J'ai sommeil, Bagheera, et Shere Khan n'est que longue queue et lourde criaillerie – comme Mao, le Paon.

– Mais l'heure n'est plus au sommeil. Baloo le sait; je le sais aussi; le Clan le sait; même les biches le savent, stupides entre les stupides. Et Tabaqui te l'a dit, aussi.

– Oh! Oh! fit Mowgli. Tabaqui est venu à moi, il y a peu, me lancer grossièrement que j'étais un petit d'homme tout nu, pas même bon à déterrer les glands; mais Tabaqui, je l'ai attrapé par la queue et je l'ai balancé par deux fois contre un palmier pour lui apprendre à vivre.

– C'était idiot; car Tabaqui a beau être un brandon de discorde, il t'aurait quand même dit une chose qui te touche de près. Ouvre-les donc, ces yeux, Petit Frère. Shere Khan n'a pas le front de tuer dans la Jungle; mais rappelle-toi bien, Akela est très vieux, le jour est proche où il ne pourra plus tuer son daim, il cessera alors d'être le chef. Parmi les loups qui t'examinèrent la première fois que tu fus présenté au Conseil, beaucoup sont vieux aussi; et les jeunes loups estiment – Shere Khan leur a fait la leçon – qu'un petit d'homme n'a pas sa place dans le Clan. Bientôt, tu seras un homme.

– Et pourquoi donc un homme ne courrait-il pas avec ses frères? dit Mowgli. Je suis né dans la Jungle. J'ai fait mienne la Loi de la Jungle, et il n'y a pas un de nos loups que je n'aie soulagé d'une épine à la patte. Ils sont mes frères, assurément!

Bagheera s'étira de tout son long, les yeux à demi fermés.

– Petit Frère, dit-elle, mets ta main sous ma mâchoire.

Juste sous le cou soyeux de Bagheera, là où la formidable masse de muscles est tout à fait masquée par la fourrure lustrée, la forte main brune de Mowgli sentit une petite place pelée.

– Personne dans la Jungle ne sait que moi, Bagheera, je porte cette marque – la marque du collier. Et cependant, Petit Frère, je naquis parmi les hommes, et c'est parmi les hommes que ma mère mourut – dans les cages du Palais royal à Oodeypore. C'est pour cela que j'ai payé le prix pour toi au Conseil, lorsque tu étais un pauvre petit tout nu. Oui, moi aussi, je naquis parmi les hommes.

Je n'avais jamais vu la Jungle. On me nourrissait derrière des barreaux dans un récipient de fer; mais une nuit, je sentis que j'étais Bagheera – la Panthère – et non pas un jouet pour les hommes; d'un coup de patte, je brisai la stupide serrure et je partis; et parce que j'avais appris les manières des hommes, je devins plus redoutable dans la Jungle que Shere Khan. N'est-il pas vrai?

– Oui, dit Mowgli, toute la Jungle craint Bagheera – toute la Jungle, sauf Mowgli.

– Ah, tu es bien un petit d'homme, dit la Panthère Noire avec beaucoup de tendresse. De même que je suis retournée à ma Jungle, de même tu dois à la fin rejoindre les hommes – les hommes qui sont tes frères – si tu n'es pas tué au Conseil.

– Mais pourquoi, pourquoi voudrait-on me tuer? dit Mowgli.

– Regarde-moi, dit Bagheera.

Et Mowgli la regarda fixement dans les yeux. En trente secondes, la grande panthère détourna son regard.

– Voilà pourquoi, dit-elle en déplaçant ses pattes sur les feuilles. Même moi, qui suis née parmi les hommes, et qui t'aime, je ne puis soutenir ton regard, Petit Frère. Et les autres, ils te haïssent, parce que leurs yeux ne peuvent affronter les tiens, parce que tu es avisé, parce que tu as retiré des épines de leurs pattes, parce que tu es un homme.

– J'ignorais ces choses, dit Mowgli d'un ton maussade; et il se renfrogna, sous la lourde barre de ses sourcils noirs.

– La Loi de la Jungle, c'est : frappe d'abord, puis donne de la voix. A ton insouciance même, ils voient que tu es un homme. Mais prudence. Quand Akela manquera sa proie, et il a chaque fois plus de peine à clouer son daim, le Clan se retournera contre lui et contre toi, je le sais dans mon cœur. Ils tiendront un Conseil de Jungle sur le Rocher, et alors – et alors... J'ai trouvé! dit Bagheera en se levant d'un bond. Descends donc vite dans la vallée, jusqu'aux huttes des hommes, et prends-leur un peu de la Fleur Rouge qu'ils y font pousser; ainsi, le moment venu, pourras-tu compter sur un ami même plus puissant que moi, ou Baloo ou ceux du Clan qui t'aiment. Va chercher la Fleur Rouge.

Par Fleur Rouge, Bagheera entendait le feu; seulement, aucun animal de la Jungle n'irait appeler le feu par son vrai nom; chacun nourrit pour lui une frayeur mortelle, le décrivant de mille et une manières.

– La Fleur Rouge? dit Mowgli. Oui, elle fleurit près de leurs huttes au crépuscule. J'irai en chercher.

– Voilà bien le petit d'homme qui parle, dit Bagheera avec fierté. Rappelle-toi qu'elle pousse dans de petits pots. Prends-en un prestement et garde-le à tes côtés pour l'heure de l'adversité.

– Bon! dit Mowgli. Je pars. Mais es-tu bien certaine, ô ma Bagheera chérie, – il glissa son bras autour du cou splendide et plongea son regard au fond des grands yeux – es-tu bien certaine que tout ceci est l'œuvre de Shere Khan?

– Par la Serrure Brisée qui me délivra, j'en suis certaine, Petit Frère.

– Alors, par le Taureau qui me racheta, je rendrai à Shere Khan la monnaie de sa pièce, peut-être même avec usure, dit Mowgli. Et d'un bond le voilà parti.

– Oui, c'est un homme, c'est tout à fait ça, murmura Bagheera en se recouchant. Ô Shere Khan, fût-il rien de plus pernicieux que ta fameuse chasse à la grenouille, il y a dix ans?

Courant sans relâche, Mowgli s'enfonça dans la forêt, loin, loin, et son cœur lui brûlait la poitrine. Il regagna la grotte à la montée des brumes de la nuit; il reprit haleine; son regard plongea vers la vallée.

Les louveteaux étaient sortis, mais au fond de sa grotte, Mère Louve comprit, à sa respiration, qu'un souci tracassait sa grenouille.

– Qu'y a-t-il, Fils? demanda-t-elle.

– Des billevesées de Shere Khan, répondit-il. Je chasse sur une aire de labours, ce soir.

A travers les broussailles, il dévala jusqu'au cours d'eau au fond de la vallée. Là, il s'arrêta : mêlé aux cris du Clan en chasse, il entendit le meuglement d'un sambhur traqué, puis le cri court de la bête aux abois. Alors, les jeunes loups lancèrent des hurlements mauvais et sarcastiques : « Akela! Akela! Que le Solitaire montre sa force. Place au Chef du Clan! Bondis, Akela! »

S'exécutant, le Solitaire avait dû manquer sa proie, car Mowgli entendit le claquement de ses mâchoires, puis un glapissement lorsque le sambhur le renversa de son antérieur.

Sans attendre davantage, Mowgli reprit sa course folle. Et les hurlements se perdirent derrière lui tandis qu'il atteignait les cultures et les habitations des villageois.

– Bagheera disait vrai, haleta-t-il en se nichant dans un tas de fourrage près de la fenêtre d'une hutte. Demain, c'est le jour d'Akela, et c'est le mien aussi.

Puis il approcha le visage tout près de la fenêtre et couva des yeux le feu dans l'âtre. Il vit la femme du laboureur se lever et nourrir la braise de mottes noires dans la nuit; au matin, à l'heure froide où blanchissent les brumes, il vit l'enfant de l'homme prendre un récipient d'osier tapissé de terre à l'intérieur, le remplir de braises incandescentes, le déposer sous sa couverture, et s'en aller s'occuper des vaches dans l'étable.

– Et c'est tout? dit Mowgli. Si un petit peut le faire, il n'y a rien à craindre.

En quelques enjambées, il tourna le coin de la maison et trouva le garçon; il lui prit le récipient des mains et disparut dans la brume sous les hurlements de terreur du garçon.

– Ils sont très semblables à moi, dit Mowgli en soufflant sur le récipient à l'instar de la femme. Cette chose mourra si je la laisse sans nourriture.

Et il déposa des brindilles et des bouts d'écorce sèche sur la substance rouge. A mi-pente de la colline, il tomba sur Bagheera; la rosée du matin luisait sur sa fourrure comme pierres de lune.

– Akela a failli, dit la Panthère. Ils l'auraient tué la nuit dernière, mais ils te voulaient aussi. Ils t'ont cherché sur la colline.

– J'étais dans les labours. Je suis prêt. Vois! Mowgli éleva le pot à feu.

– Bien! Tu sais, j'ai vu des hommes enfoncer une branche sèche dans cette chose, et aussitôt la Fleur Rouge s'épanouissait au bout. Es-tu sans peur?

– Oui. Pourquoi aurais-je peur? Il me revient à présent – peut-être est-ce un rêve – qu'avant d'être un Loup, en me couchant près de la Fleur Rouge, je me sentais bien au chaud.

Cette journée-là tout entière, Mowgli la passa assis dans la grotte à veiller sur son pot à feu et à y plonger des branches sèches pour voir l'effet produit. Il en trouva un parfaitement à son goût, et le soir, lorsque Tabaqui vint jusqu'à la grotte lui annoncer, avec passablement d'insolence, qu'on le réclamait au Rocher du Conseil, il se mit à rire au point que Tabaqui s'enfuit. Et Mowgli se rendit au Conseil, le rire à la bouche.

Akela le Solitaire se tenait couché le long de son roc pour montrer que sa succession à la tête du Clan était ouverte; Shere Khan avec sa cour de loups nourris de restes se pavanait de long en large avec ostentation, objet de flatteries. Bagheera était étendue près de Mowgli, qui serrait le pot à feu entre ses genoux. Lorsqu'ils furent tous rassemblés, Shere Khan prit la parole – ce qu'il n'aurait jamais osé faire à l'époque d'Akela.

– C'est contraire à la Loi, murmura Bagheera. Dis-le. C'est un fils de chien. Il prendra peur.

D'un bond, Mowgli fut sur ses jambes.

– Peuple Libre, cria-t-il, Shere Khan est-il donc le Chef du Clan? Un tigre, que peut-il bien avoir à faire avec nos problèmes de succession?

– Voyant la succession ouverte, et prié de prendre la parole... commença Shere Khan.

– Par qui? dit Mowgli. Sommes-nous donc tous des chacals, pour flagorner cet égorgeur de bétail? Le choix d'un chef est l'affaire du Clan, et du Clan seul.

On hurla : « Silence, le petit d'homme! Laissez-le parler. Il a honoré notre Loi »; à la fin, les anciens du Clan tonnèrent : « Que parle le Loup Mort. » Lorsqu'un Chef de Clan a manqué sa proie, on l'appelle le Loup Mort jusqu'à la fin de ses jours, toute proche en général.

Péniblement, Akela souleva sa vieille tête :

– Peuple Libre, et vous aussi, chacals de Shere Khan, pendant de nombreuses saisons, je vous ai conduits à la chasse et vous en ai ramenés; de tout mon règne, nul n'a été pris au piège ou mutilé. Aujourd'hui, j'ai manqué ma proie. Vous savez que c'est le résultat d'un complot. Vous savez comment vous m'avez mené à un daim tout fringant afin que ma faiblesse éclate aux yeux de tous. Ce fut habilement fait. Votre droit, c'est de me tuer séance tenante ici, sur le Rocher du Conseil. C'est pourquoi je demande : qui vient achever le Solitaire? Car il est de mon droit, selon la Loi de la Jungle, que vous veniez un par un.

Il y eut un long silence. Tous les loups reculaient devant un duel à mort avec Akela. Alors Shere Khan rugit :

– Bah! Qu'avons-nous à faire avec ce déchet édenté? Il est voué à la mort! C'est le petit d'homme qui a vécu trop longtemps. Peuple Libre, il est ma proie depuis toujours. Donnez-le-moi. J'en ai assez, de cette démente affaire d'homme-loup. Cela fait dix saisons qu'il agite la Jungle. Donnez-moi le petit d'homme : sinon, je resterai toujours ici pour chasser, sans vous donner un seul os. C'est un homme, un enfant d'homme, et jusqu'à la moelle de mes os, je le hais!

Alors une bonne moitié du Clan hurla : « Un homme! Un homme! Qu'a-t-il à faire avec nous? Qu'il s'en aille chez les siens.

– Et rameute tous les gens des villages contre nous? vociféra Shere Khan. Non, non, donnez-le-moi. C'est un homme, et nul d'entre nous ne peut le regarder dans les yeux.

De nouveau, Akela souleva la tête et dit :

– Il a partagé notre pitance. Il a dormi avec nous. Il a rabattu du gibier pour nous. Il a honoré à la lettre la Loi de la Jungle.

– En outre, j'ai offert un taureau pour lui lors de son adoption. Un taureau, c'est peu de chose; mais l'honneur de Bagheera vaut peut-être à ses propres yeux une bataille, dit Bagheera de sa voix la plus douce.

– Un taureau payé voilà dix ans! rétorqua rageusement le Clan. Que nous importent des os vieux de dix ans?

– Ou une promesse? dit Bagheera, montrant ses dents blanches sous la lèvre. Ah, vous méritez bien le nom de Peuple Libre!

– Pas de petit d'homme dans le Peuple de la Jungle, hurla Shere Khan. Donnez-le-moi!

– Sang mis à part, il est mon frère, poursuivit Akela, et vous voudriez le tuer ici! En vérité, j'ai vécu trop longtemps. Parmi vous, il y a des mangeurs de bétail, et j'ai appris que d'autres, suivant les leçons de Shere Khan, vont, par nuit noire, enlever les petits villageois jusque devant leur porte. Donc, je vous sais lâches, et c'est à des lâches que je m'adresse. Je dois mourir, c'est indubitable, et ma vie n'a aucune valeur, sinon je l'offrirais pour celle du Petit d'Homme. Mais pour sauver l'honneur du Clan – petit détail que l'absence de chef vous a fait oublier –, je m'engage, si vous laissez le Petit d'Homme retourner chez les siens, à ne pas montrer une seule dent, à l'heure de ma mort. Je mourrai sans combat. Voilà qui épargnera au moins trois vies au Clan. Faire mieux, je ne puis; mais si vous consentez, je puis vous éviter la honte de tuer un frère auquel on n'a rien à reprocher – un frère dont l'admission dans le Clan fut revendiquée et achetée selon la Loi de la Jungle.

– C'est un homme – un homme – un homme! gronda le Clan.

La plupart des loups amorcèrent un groupement autour de Shere Khan, dont la queue commençait à battre l'air.

– A présent, l'affaire est entre tes mains, dit Bagheera à Mowgli. Pour nous, il n'est plus que de se battre.

Mowgli se mit debout – le pot à feu dans les mains. Puis il étira ses bras et se mit à bâiller à la barbe du Conseil. Mais il était au comble de la rage et du chagrin, car, typiquement loups en cela, les loups ne lui avaient jamais dit combien ils le haïssaient.

– Ecoutez, vous! cria-t-il. Cette jacasserie de chiens n'a pas lieu d'être. Je suis un homme, vous me l'avez répété tant de fois, ce soir, que j'éprouve la vérité de vos paroles – moi qui serais pourtant resté loup, avec vous, jusqu'à la fin de mes jours. Aussi, vais-je cesser de vous appeler frères, mais *sag* (chiens), à la façon des hommes. Ce que vous ferez, ou ne ferez pas, ce n'est pas à vous de le dire. C'est moi que ce problème regarde; et afin que nous en ayons une vue claire, moi, l'homme, j'ai amené ici un peu de la Fleur Rouge que vous, chiens, redoutez.

Il jeta le pot à terre, où quelques braises enflammèrent une touffe de mousse sèche, tandis que le

Conseil au complet reculait de terreur devant les flammes bondissantes.

Mowgli enfonça sa belle branche morte dans le feu pour en faire flamber et crépiter les brindilles, puis il la fit tournoyer au-dessus de sa tête, au milieu des loups recroquevillés de terreur.

– Tu es le maître, dit Bagheera *sotto voce*. Sauve Akela de la mort. Il a toujours été ton ami.

Akela, le vieux loup farouche qui, de sa vie, n'avait jamais demandé grâce, jeta un regard pitoyable à Mowgli, debout, tout nu, ses longs cheveux noirs flottant sur les épaules, dans le flamboiement de la branche qui faisait danser et vaciller les ombres.

– Bien! dit Mowgli, promenant sans hâte alentour un regard insistant. Je vois que vous êtes des chiens. Je vous quitte et je retourne chez les miens – s'ils sont bien les miens. La Jungle m'est fermée, je dois oublier votre parler et votre compagnie; mais j'aurai plus de miséricorde que vous. Parce que je fus en tout votre frère, sauf par le sang, je fais la promesse, lorsque je serai un homme parmi les hommes, de ne pas vous trahir auprès d'eux comme vous m'avez trahi. – Il donna un coup de pied dans le feu et les étincelles jaillirent. – Nul d'entre nous n'entrera en guerre contre le Clan. Mais avant de partir, j'ai une dette à payer.

A grandes enjambées, il s'approcha de Shere Khan qui battait bêtement des paupières devant les flammes; il le saisit par sa barbichette. Bagheera suivait, en cas d'accident.

– Debout, chien! cria Mowgli. Debout, quand un homme parle, ou je mets le feu à ta robe!

Les oreilles de Shere Khan se couchèrent et s'aplatirent sur sa tête, il ferma les yeux, car la branche incandescente était à deux doigts de lui.

– Cet égorgeur de bétail a dit qu'il me tuerait en plein Conseil parce qu'il ne m'avait pas tué quand j'étais petit. Voici donc, et voilà, comment nous, les hommes, nous battons les chiens. Fais bouger un poil de ta moustache, Lungri, et je t'enfonce la Fleur Rouge dans la gorge!

De sa branche, il frappa Shere Khan sur la tête, et le tigre se mit à geindre et à gémir, à demi mort d'épouvante.

– Pouah! Chat de jungle roussi, va-t'en, maintenant! Mais n'oublie pas : la première fois que je reviendrai au Rocher du Conseil, en homme, ce sera coiffé de la peau de Shere Khan. Quant au reste, Akela va être libre de vivre comme il lui plaît. Non, vous ne le tuerez pas, parce que telle n'est pas ma volonté. Je ne crois pas, d'ailleurs, que vous allez vous attarder ici, à laisser pendre vos langues comme si vous étiez des personnages importants et non des chiens que je chasse – comme ceci! Allez!

Le feu brûlait avec rage au bout de la branche. Frappant de droite et de gauche, Mowgli rompit le cercle et les loups s'enfuirent en hurlant, environnés d'étincelles qui brûlaient leur fourrure. A la fin, il ne resta plus que Bagheera, Akela, et peut-être dix loups qui avaient pris le parti de Mowgli. Alors, Mowgli commença à sentir une douleur à l'intérieur de lui-même, une douleur qu'il n'avait jamais connue de sa vie; reprenant haleine, il éclata en sanglots et les larmes coulèrent sur son visage.

– Qu'est-ce que c'est? Qu'est-ce que c'est? dit-il. Je n'ai pas envie de quitter la Jungle, et je ne sais pas ce que j'ai. Suis-je en train de mourir, Bagheera?

– Non, Petit Frère. Ce ne sont que des larmes, apanage des hommes, dit Bagheera. A présent, je sais que tu es un homme et non plus un petit d'homme. Oui, en vérité, la Jungle t'est fermée, désormais. Laisse-les couler, Mowgli. Ce ne sont que des larmes.

Et Mowgli s'assit et pleura comme si son cœur

allait se briser; lui qui, de toute sa vie, n'avait jamais pleuré.

– Maintenant, dit-il, je vais aller chez les hommes. Mais d'abord, il faut que je dise adieu à ma mère.

Et il se rendit à la grotte où elle demeurait avec Père Loup, et il pleura dans sa fourrure, cependant que les quatre louveteaux hurlaient à fendre l'âme.

– Vous ne m'oublierez pas? dit Mowgli.

– Jamais, tant que nous saurons suivre une piste, dirent les petits. Viens au pied de la colline quand tu seras un homme et nous te parlerons; et nous viendrons jusque dans les labours jouer avec toi, la nuit.

– Reviens bientôt! dit Père Loup. Ô, petite grenouille avisée, reviens-nous bientôt; car nous sommes vieux, ta mère et moi.

– Reviens bientôt! dit Mère Louve, mon cher petit tout nu; car, écoute, enfant d'homme, mon amour pour toi dépassait celui que j'ai jamais porté à mes petits.

– Je reviendrai, sans nul doute, dit Mowgli; et quand je reviendrai, ce sera pour étaler la peau de Shere Khan sur le Rocher du Conseil. Ne m'oubliez pas! Dites-leur, dans la Jungle, de ne jamais m'oublier!

L'aurore commençait à poindre quand Mowgli descendit la colline, tout seul, à la rencontre de ces créatures mystérieuses qu'on appelle les hommes.

CHANSON DE CHASSE DU CLAN SEEONEE

A la pointe de l'aube le Sambhur brama
Une, deux et mainte fois!
Une biche bondit, bondit à n'y pas croire,
De la mare sylvestre où les cerfs viennent boire.
Ceci, battant les bois tout seul, je l'ai vu là!
Une, deux et mainte fois!

A la pointe de l'aube le Sambhur brama
Une, deux et mainte fois!
Et un loup s'esquiva et un loup s'esquiva,
Pour porter la nouvelle au clan en branle-bas.
On chercha, on trouva, sur ses traces on aboya
Une, deux et mainte fois!

A la pointe de l'aube le Clan des Loups hurla
Une, deux et mainte fois!
Patte sans trace dans la Jungle passe sans s'arrêter!
Œil qui voit dans l'obscurité – l'obscurité!
Donnez de la voix! Ecoutez, ô, écoutez!
Une, deux et mainte fois!

LA CHASSE DE KAA

Ses taches sont la fierté du Léopard; ses cornes du buffle
[sont le fort.
Sois net : plus sa robe est lustrée, plus le chasseur est fort.
Si tu découvres que le taureau ou le Sambhur à la lourde
[arcade ont la corne leste pour t'embrocher,
Inutile d'arrêter ta besogne pour nous en informer :
[nous le savions voilà dix années.
Ne moleste pas les petits d'autrui, mais salue-les comme
[Sœur et Frère,
Car tout petits et balourds qu'ils sont, il se peut que
[l'Ourse soit leur Mère.
« Nul ne me vaut! » crie le Jeune dans l'orgueil de sa
[première proie;
Mais grande est la Jungle et petit est le Jeune. Qu'il réflé-
[chisse et se tienne coi.

Maximes de Baloo.

Quand tout ce que nous allons dire ici arriva,
Mowgli n'avait pas encore été banni du Clan des
Loups de Seeonee, ni ne s'était vengé de Shere
Khan, le tigre. Notre récit nous ramène aux jours où
Baloo enseignait à Mowgli la Loi de la Jungle. Le
grand ours brun, vieux et grave, était ravi d'avoir un
élève si vif, car les jeunes loups aiment se conten-
ter d'apprendre ce qui, dans la Loi de la Jungle,

concerne leur clan et leur tribu, et décampent dès qu'ils sont capables de répéter le Verset de Chasse : « Pattes qui ne font aucun bruit; yeux capables de voir dans l'ombre; oreilles qui entendent les vents, tapies dans les tanières; et blanches dents aiguisées, voilà tout ce qui distingue nos frères, à l'exception de Tabaqui, le Chacal, et de la Hyène, que nous haïssons. » Mais Mowgli, en tant que petit d'homme, dut en apprendre bien davantage. Quelque fois, Bagheera, la Panthère Noire, dirigeait ses flâneries à travers la Jungle du côté de son cher petit pour voir ce qu'il devenait, et restait à ronronner, la tête contre un arbre, pendant que Mowgli récitait la leçon du jour à Baloo. Le garçon était presque aussi agile à grimper qu'à nager, et sa nage valait presque sa course. Aussi Baloo, le Docteur de la Loi, l'initia-t-il aux Lois des Bois et des Eaux : distinguer une branche pourrie d'une branche saine; s'adresser poliment aux abeilles sauvages, quand on découvre par hasard un de leurs essaims à cinquante pieds au-dessus du sol; savoir quoi dire à Mang la Chauve-Souris quand on la dérange dans les branches en plein midi; maîtriser l'art d'avertir les vipères d'eau avant de plonger parmi elles dans les mares. Nul dans la Jungle n'aime à être dérangé, et l'on y est toujours prêt à se jeter sur l'intrus. Mowgli fut également initié au Cri de Chasse de l'Etranger, que tout habitant de la Jungle, dès qu'il chasse hors de son territoire, doit répéter tout haut jusqu'à ce qu'il ait reçu réponse. Traduit, il signifie : « Accordez-moi la liberté de chasser ici, parce que je suis affamé. » La réponse est : « Chasse donc, pour ta pitance, mais non pour ton plaisir. »

Voilà qui vous donnera une idée de tout ce que Mowgli devait apprendre par cœur; et une grande fatigue le gagnait, à force de répéter cent fois la même chose. Mais, comme Baloo l'avait dit à

Bagheera, un jour que Mowgli s'était fait gifler, et de colère avait tout plaqué :

– Un petit d'Homme est un petit d'Homme et il doit apprendre toute, je dis bien toute, la Loi de la Jungle.

– Oui, mais vois comme il est petit, avait dit la Panthère Noire, qui aurait gâté Mowgli, si elle avait agi à sa guise. Comment sa petite tête peut-elle abriter tous tes longs discours?

– Connais-tu dans la Jungle une chose assez petite pour échapper à la tuerie? Non. Voilà pourquoi je lui enseigne tout cela, voilà pourquoi je le corrige, certes très doucement, quand il oublie.

– Doucement! Tu t'y connais, toi, en douceur, vieux Pieds-de-Fer? grommela Bagheera. Son visage est couvert de bleus, aujourd'hui, par ta... douceur. Fi!

– Je préfère le voir couvert de bleus de la tête aux pieds par moi qui l'aime que de le savoir victime de son ignorance, répondit Baloo avec beaucoup de conviction. Je suis en train de lui apprendre les Maîtres-Mots de la Jungle, destinés à le protéger auprès des oiseaux et du Peuple des Serpents et tout ce qui chasse sur quatre pieds, sauf son propre clan. A présent, il lui suffit de se rappeler les mots et il peut s'en tirer avec tout ce qui peuple la Jungle. Cela ne vaut-il pas une petite tape?

– Soit, mais prends bien garde de tuer le petit d'Homme. Ce n'est pas un tronc d'arbre, bon à aiguiser tes griffes émoussées. Mais que sont ces Maîtres-Mots? Je suis, quant à moi, plus susceptible d'accorder de l'aide que d'en demander, – et Bagheera étira une patte, pour en admirer les griffes bleu d'acier finement biseautées. Toutefois, j'aimerais savoir.

– Je vais appeler Mowgli, il te les dira... s'il est disposé. Viens, Petit Frère!

– Ma tête résonne comme un arbre à essaims, dit

une petite voix maussade au-dessus de leurs têtes.

Tout à sa colère et à son indignation, Mowgli se laissa glisser le long d'un tronc d'arbre, ajoutant au moment de toucher terre :

– C'est pour Bagheera que je viens, et pas pour toi, vieux gros Baloo!

– Peu m'importe, dit Baloo, tout froissé et peiné. Dis-les donc à Bagheera, ces Maîtres-Mots de la Jungle, que je t'ai appris ce jour.

– Les Maîtres-Mots pour quel peuple? dit Mowgli, ravi d'étaler sa science. La Jungle a beaucoup de langues et moi, je les connais toutes.

– Tu connais des bribes, mais c'est tout. Vois, Bagheera, jamais un remerciement pour leur maître. A-t-on jamais vu le moindre petit louveteau venir remercier le vieux Baloo de ses leçons? Dis voir la parole pour le Peuple Chasseur, grand érudit.

– Nous sommes du même sang, vous et moi, dit Mowgli en donnant aux mots l'accent ours en vigueur chez tout le Peuple Chasseur.

– Bien. Pour les oiseaux, maintenant.

Mowgli s'exécuta, terminant sa phrase par le cri du Vautour.

– Pour le Peuple Serpent, maintenant, dit Bagheera.

Pour toute réponse, un sifflement parfaitement indescriptible. Après quoi, Mowgli se mit à faire des bonds en se tapant les fesses avec les pieds, et à battre des mains pour s'applaudir; puis il sauta sur le dos de Bagheera, s'y installa de côté et tambourina des talons sur le pelage luisant, tout en faisant à Baloo les plus affreuses grimaces possibles.

– Là! Là! Cela valait bien un petit bleu, dit l'Ours brun avec tendresse. Un jour, tu te souviendras de moi.

Puis il se détourna pour dire à Bagheera comment il avait quémandé les Maîtres-Mots à Hathi l'Eléphant Sauvage, qui en connaît tous les secrets;

et comment Hathi avait mené Mowgli à une mare pour apprendre d'une vipère d'eau le Mot des Serpents, que Baloo était dans l'incapacité de prononcer; et comment Mowgli se trouvait désormais à peu près garanti contre tous les éventuels accidents dans la Jungle, vu que ni serpent, ni oiseau, ni quadrupède ne lui ferait de mal.

– Nul n'est donc à craindre, conclut Baloo, en caressant avec fierté son gros ventre fourré.

– Sauf ceux de sa propre tribu, dit Bagheera en aparté. Puis, tout haut, s'adressant à Mowgli :

– Aie pitié de mes côtes, Petit Frère! Qu'as-tu donc à te trémousser ainsi?

Dans l'espoir de se faire entendre, Mowgli n'arrêtait pas de tirer à pleines mains sur la fourrure de Bagheera, à l'épaule, tout en la bourrant de coups de pied. Quand enfin tous deux prêtèrent l'oreille, il hurlait à tue-tête :

– Aussi, aurai-je une tribu à moi, et je la mènerai tout le long du jour à travers les branches.

– Quelle est cette nouvelle folie, petit songecreux? dit Bagheera.

– Parfaitement, et on jettera des branches et de la boue au vieux Baloo, poursuivit Mowgli. Ils me l'ont promis. Ah!

« *Paf*! » La grosse patte de Baloo vida d'un coup Mowgli de sur le dos de Bagheera; blotti entre les grosses pattes de devant, l'enfant put voir que l'Ours était en colère.

– Mowgli, dit Baloo, tu t'es entretenu avec le *Bandar-log*, le Peuple Singe.

Mowgli regarda Bagheera pour voir si la Panthère aussi était en colère, et les yeux de Bagheera avaient la dureté minérale du jade.

– Tu as frayé avec le Peuple Singe – les singes gris, – le Peuple sans Loi, – les mangeurs de n'importe quoi. C'est là une grande honte.

– Quand Baloo m'a meurtri la tête, dit Mowgli (toujours à la renverse) en nasillant un peu, je suis parti et les singes gris sont descendus des arbres et m'ont pris en pitié. Ce sont les seuls.

– La pitié du Peuple Singe! ronchonna Baloo. L'immobilité du torrent de montagne! La fraîcheur du soleil d'été! Quoi encore, petit d'Homme?

– Et puis, et puis, ils m'ont donné des noix et des bonnes choses à manger, et puis, ils m'ont pris dans leurs bras et m'ont hissé au faîte des arbres, et m'ont dit que j'étais leur frère de sang, sauf pour l'absence de queue, et qu'un jour je serais leur chef.

– Ils n'en ont pas, de chef, dit Bagheera. Ils mentent. Ils ont toujours menti.

– Ils ont été très bons, et m'ont prié de revenir. Pourquoi m'a-t-on toujours tenu éloigné du Peuple Singe? Ils se tiennent sur leurs pieds, comme moi. Ils ne me cognent pas, avec de rudes pattes. Ils jouent toute la journée. Laisse-moi me relever! Vilain Baloo, laisse-moi me relever! Je veux retourner jouer avec eux!

– Ecoute, petit d'Homme, dit l'Ours, et sa voix roulait des tonnerres de nuit brûlante. Je t'ai enseigné toute la Loi de la Jungle pour tous les peuples de la Jungle – sauf le Peuple Singe qui vit dans les arbres. Ils n'ont pas de Loi. Ce sont des parias. Ils n'ont pas de langage spécifique, mais se servent de mots volés, captés par hasard quand ils écoutent, épient, espionnent, là-haut dans les branches. Leur chemin n'est pas le nôtre. Ils n'ont pas de chefs. Ils n'ont pas de mémoire. Ils se vantent, ils jacassent, ils se donnent pour un grand peuple prêt à faire de grandes choses dans la Jungle, mais la chute d'une noix provoque en eux le rire et tout est oublié. Nous, de la Jungle, nous n'avons aucun rapport avec eux. Où ils boivent, nous ne buvons pas; où ils vont, nous n'allons pas; où ils chassent, nous ne chassons pas; où ils meurent, nous ne mourons pas. M'as-tu, avant ce jour, jamais entendu parler du *Bandar-log*?

– Non, dit Mowgli dans un souffle, car la forêt était tout silence, après la diatribe de Baloo.

– Le Peuple de la Jungle les a bannis de ses lèvres et de sa pensée. Ils pullulent, ils sont malfaisants, sales, éhontés; et ils désirent, si toutefois ils sont capables d'un désir précis, attirer l'attention du Peuple de la Jungle. Mais nous ne leur prêtons pas la moindre attention, même lorsqu'ils nous bombardent de noix et d'ordures.

A ces mots, s'abattit une grêle de noix et de brindilles, crépitant à travers le feuillage; et très haut dans les airs, dans les branchages fragiles des cimes, on entendit des toux, des braillements et des bonds rageurs.

– Le peuple Singe n'a pas le droit, dit Baloo, pas le droit de frayer avec le Peuple de la Jungle. Souviens-t'en.

– Pas le droit, dit Bagheera. Mais je pense tout de même que Baloo aurait dû te mettre en garde contre eux.

– Moi... Moi? Comment deviner qu'il irait jouer avec pareille engeance? Le Peuple Singe! Pouah!

Une nouvelle grêle s'abattit sur leurs têtes, et ils déguerpirent, emmenant Mowgli avec eux. Ce que Baloo avait dit des singes était parfaitement vrai. La cime des arbres est leur domaine, et comme les bêtes lèvent rarement les yeux, il n'y avait aucune occasion de rencontre entre les singes et le Peuple de la Jungle. Mais s'ils tombaient sur un loup malade, un tigre ou un ours blessé, immanquablement les singes le tourmentaient, de même qu'ils jetaient des bâtons et des noix à n'importe quelle bête, pour rire, et dans l'espoir d'attirer l'attention. Puis ils se mettaient à criailler et à brailler des chansons sans queue ni tête, à défier le Peuple de la Jungle de grimper à leurs arbres pour se bagarrer avec eux, ou à engager, sans motif, de furieux combats entre eux en laissant les singes morts bien en vue du Peuple de la Jungle. Toujours sur le point d'avoir un chef, des lois et des coutumes à eux, ils n'y parvenaient jamais, tant leur mémoire était courte : alors, pour s'en sortir, ils ficelèrent un dicton : « Ce que le *Bandar-log* pense maintenant, la Jungle le pensera plus tard », qui leur procurait un grand réconfort. Aucune bête ne pouvait les atteindre, mais d'un autre côté, aucune bête ne leur prêtait attention; c'est pourquoi ils avaient été si contents de la visite de Mowgli et de la forte réaction de colère de Baloo.

Ils n'avaient nullement l'intention de faire davantage. Le *Bandar-log* n'a jamais la moindre intention; mais l'un d'eux eut une idée qui lui parut lumineuse : il alla dire à tous les autres que Mowgli serait bien utile à garder dans la tribu, parce qu'il savait entrelacer des branchettes en abri contre le vent, et que, s'ils s'en saisissaient, ils pourraient l'inciter à leur apprendre. Bien sûr, enfant de bûcheron, Mowgli avait hérité toute sorte d'instincts; souvent, il s'occupait à fabriquer de petites huttes de branches mortes, sans même y penser; et le Peuple Singe, à l'affût dans les arbres, concevait pour son jeu un grand émerveillement. Cette fois, dirent-ils, ils allaient réellement avoir un chef et devenir le peuple le plus avisé de la Jungle – au point d'être remarqués et enviés par tous les autres. Aussi suivirent-ils en silence Baloo, Bagheera et Mowgli à travers la Jungle jusqu'à l'heure de la sieste de la mi-journée. Mowgli, vraiment très honteux de lui-même, s'installa entre la Panthère et l'Ours, et s'endormit, résolu à ignorer désormais le Peuple Singe.

Revenant à la conscience, il sentit d'abord des mains sur ses jambes et ses bras – de petites mains dures et fortes – puis des branches qui lui cinglaient le visage; puis il se retrouva le regard plongeant à travers le balancement de la ramure, tandis que Baloo éveillait la Jungle de ses cris profonds et que

Bagheera bondissait le long du tronc d'arbre, tous crocs dehors.

Hurlant de triomphe, le *Bandar-log* se rua pêle-mêle vers les plus hautes branches, où Bagheera renonçait à le suivre, aux cris de : « Elle nous a remarqués! Bagheera nous a remarqués. Tout le Peuple de la Jungle nous admire pour notre adresse et notre ruse! » Puis ce fut la fuite; et la fuite du Peuple Singe, là-haut, au pays des arbres, est une de ces choses à jamais indescriptibles. Ils ont un réseau de routes enchevêtrées, de côtes et de descentes, tout tracé à cinquante, soixante ou cent pieds au-dessus du sol, et qu'ils peuvent emprunter même de nuit s'il le faut. Deux singes parmi les plus forts avaient empoigné Mowgli sous les bras et se lançaient avec lui de cime en cime, par bonds de vingt pieds. Seuls, ils auraient avancé deux fois plus vite, mais le poids de l'enfant les retardait. Même pris de nausée et de vertige, Mowgli ne pouvait s'empêcher d'apprécier cette folle ruée : pourtant, ces fugitives visions de la terre si loin au-dessous de lui le glaçaient de peur; et secousse et saccade qui ponctuaient chacun de ces terribles bonds au-dessus du vide lui mettaient le cœur entre les dents. Son escorte se lançait avec lui à la cime d'un arbre, dont il sentait craquer et plier sous leur poids les derniers rameaux fragiles, puis dans un cri enroué, ils se jetaient et tournoyaient dans l'air, pour se retrouver, suspendus par les mains ou les pieds aux solides branches basses de l'arbre voisin. Tantôt, l'enfant découvrait des milles et des milles d'immobile jungle verte, comme un homme au sommet d'un mât voit l'horizon infini de la mer; tantôt, branches et feuilles lui cinglaient le visage et lui et ses deux gardes se retrouvaient quasiment au sol. Ainsi, avec force bondissements, fracas, cris et hurlements, la tribu du *Bandar-log* au grand complet sillonnait les routes des arbres avec Mowgli comme prisonnier.

Dans un premier temps, il eut peur qu'on le laissât tomber; puis la colère le prit, mais il se garda bien de résister; enfin, il se mit à réfléchir. Avant tout, il fallait rétablir le contact avec Baloo et Bagheera, car au train dont filaient les singes, Mowgli savait que ses amis seraient distancés. Pas la peine de regarder en bas, il ne voyait que le dessus des frondaisons; aussi dirigea-t-il ses regards vers le ciel, et qui vit-il, tout là-haut dans l'azur? Chil, le Vautour, occupé à planer et à tournoyer au-dessus de la Jungle, dans l'attente d'éventuelles morts. Notant que les singes transportaient une charge, Chil se laissa choir de quelques centaines de mètres pour voir si leur fardeau était bon à manger. Il siffla de surprise quand il vit Mowgli hissé à la cime d'un arbre et l'entendit lancer l'appel du Vautour, signifiant : « Nous sommes du même sang, toi et moi. » Les branches refermèrent leurs vagues sur le garçon, mais Chil se laissa porter sur l'arbre voisin, assez à temps pour voir une nouvelle fois émerger le petit visage brun.

– Enregistre mon parcours, cria Mowgli. Préviens Baloo de la tribu et Seeonee, et Bagheera du Rocher du Conseil.

– Au nom de qui, Frère?

Chil avait, naturellement, entendu parler de Mowgli, mais ne l'avait encore jamais vu.

– De Mowgli, la Grenouille. Petit d'Homme, ils m'appellent! Enregistre mon parcours!

Il s'égosilla sur les derniers mots tandis qu'on le projetait dans l'air. Mais Chil hocha la tête et s'éleva dans l'azur jusqu'à ne paraître guère plus gros qu'un grain de poussière; et là, il resta suspendu, à observer de son regard télescopique le balancement des cimes, indice du passage en trombe de Mowgli et de son escorte.

– Ils ne vont jamais loin, dit-il dans un glousse-ment. Ils ne vont jamais jusqu'au bout de leurs projets. Toujours prêt à picorer les nouveautés, le *Bandar-log*. Cette fois, par ma perçante vue, ils vont glaner bien des ennuis, car Baloo n'est pas une mauviette et Bagheera, n'est-ce pas, sait tuer proie plus ardue que chèvres.

Et, se berçant sur ses ailes, les pattes ramenées sous lui, il attendit.

Pendant ce temps, Baloo et Bagheera étaient ivres de rage et de chagrin. Bagheera grimpa aux arbres comme jamais, seulement les petites branches se brisaient sous son poids, et elle glissait jusqu'au sol, les griffes pleines d'écorce.

— Pourquoi n'avais-tu pas averti le petit d'Homme? rugissait-elle à l'adresse du pauvre Baloo qui s'était lancé, de son trot clopinant, dans l'espoir de rattraper les singes. Pourquoi le tuer de coups, ou presque, si tu ne l'avais pas averti?

— Vite! ô vite! Nous, nous pouvons encore les rattraper! haletait Baloo.

— A cette allure! Une vache blessée s'en accommoderait! Docteur de la Loi – bourreau de petits –, au bout d'un mille de ce roulis et tangage, tu éclaterais. Ne bouge plus et réfléchis! Fais un plan. La poursuite est hors de question. Ils risquent de le laisser tomber, si nous les serrons de trop près.

— *Arrula! Whoo!* Peut-être l'ont-ils déjà laissé tomber, fatigués de le porter. Qui peut se fier au *Bandar-log*? Qu'on me couvre la tête de chauve-souris crevées! Qu'on me donne des os noirs en pitance! Qu'on me roule dans les ruches des abeilles sauvages pour qu'elles me piquent à mort, et qu'on m'enterre avec la Hyène, car je suis le plus malheureux des ours! *Arrulala! Wahooa!* O, Mowgli, Mowgli! Que ne t'ai-je mis en garde contre le Peuple Singe, au lieu de te fracasser le crâne? Et si mes coups avaient fait s'envoler de sa tête la leçon du jour! Alors, il sera tout seul dans la Jungle, privé des Maîtres-Mots.

Baloo se saisit la tête entre les pattes et se mit à rouler de droite et de gauche en gémissant.

– Du moins venait-il de me réciter correctement tous ces Mots, dit Bagheera avec impatience. Baloo, tu n'as ni mémoire ni vergogne. Que penserait la Jungle si moi, la Panthère Noire, je me roulais en boule comme Ikki, le Porc-Epic, avec des hurlements?

– Ce que pense la Jungle, je m'en moque! Il est peut-être mort, à cette heure.

– Sauf s'ils le laissent tomber pour s'amuser, ou s'ils le tuent par désœuvrement, je n'ai aucune crainte pour le petit d'Homme. Il est avisé, instruit, et par-dessus tout, il a ces yeux si redoutés du Peuple de la Jungle. Mais, situation funeste, il est au pouvoir du *Bandar-log;* et parce qu'ils vivent dans les arbres, personne parmi nous ne leur inspire la moindre crainte.

Bagheera se lécha une patte avant pensivement.

– Imbécile que je suis! Ô, gros crétin à poil brun, déterreur de racines, dit Baloo en se déroulant d'une secousse; c'est vrai, ce que dit Hathi, l'Eléphant Sauvage : « A chacun sa peur »; pour le *Bandar-log*, la peur, c'est Kaa, le Serpent de Rocher. Il grimpe aussi bien qu'eux. Dans la nuit, il vole les jeunes singes. Le chuchotement de son nom les glace jusqu'au bout de leurs méchantes queues. Allons trouver Kaa.

– Que fera-t-il pour nous? Il n'est pas de notre monde privé de pattes, et les yeux horriblement mauvais, dit Bagheera.

– Il est très vieux et très rusé. Et surtout, il toujours faim, dit Baloo plein d'espoir. Promets-lui beaucoup de chèvres.

– Une fois repu, il dort un mois entier. Il est peut-être endormi à l'heure qu'il est; et dans le cas contraire, si, après tout, il préférait tuer lui-même ses propres chèvres?

Bagheera, qui ne savait pas grand-chose de Kaa, se montrait naturellement méfiante.

– En ce cas, à nous deux, vieille chasseresse, nous pourrions lui faire entendre raison.

Là-dessus, Baloo frotta contre la Panthère son épaule brun terne, et ils partirent à la recherche de Kaa, le Python de Rocher.

Ils le trouvèrent, étendu de tout son long bien au chaud sur une saillie rocheuse au soleil de l'après-midi, perdu dans la contemplation de sa splendide nouvelle vêture; en effet, il avait passé les dix derniers jours dans la solitude, à changer de peau, et il reparaissait maintenant, dans toute sa splendeur, dardant sa grosse tête camuse au ras du sol, entortillant les trente pieds de son corps en invraisemblables nœuds et courbes, et se léchant les lèvres à la pensée du repas à venir.

– Il n'a pas mangé, dit Baloo en grognant de soulagement à la vue de la somptueuse parure marbrée de brun et de jaune. Fais attention, Bagheera! Sa vue est toujours un peu trouble quand il vient de muer, et il est très prompt à l'attaque.

Kaa n'est pas un serpent venimeux – en fait, il méprise plutôt les serpents venimeux, les tenant pour lâches – mais sa force réside dans son étreinte, et une fois sa proie enserrée dans l'étau de ses anneaux énormes, c'est vraiment la fin de tout.

– Bonne chasse! cria Baloo en s'asseyant sur son derrière.

Comme tous les serpents de son espèce, Kaa était dur d'oreille, et d'abord il n'entendit pas le cri. Puis il se dressa en spirale, prêt à toute éventualité, la tête horizontale.

– Bonne chasse à nous tous! répondit-il. Oh, oh, Baloo, que fais-tu donc ici? Bonne chasse, Bagheera! L'un de nous au moins a besoin de nourriture. Signale-t-on du gibier dans les parages? Une biche alors, ou même un jeune daim? Je suis vide comme un puits à sec.

– Nous sommes en train de chasser, dit Baloo négligemment.

Il savait qu'il ne faut pas bousculer Kaa. Il est trop gros.

– Accordez-moi la permission de me joindre à vous, dit Kaa. Un coup de patte de plus ou de moins, qu'est-ce pour toi, Bagheera, ou pour toi, Baloo? Tandis que moi, moi, je dois rester des journées entières à guetter dans un sentier de forêt, ou passer la moitié d'une nuit à grimpailler dans le simple espoir d'attraper un jeune singe. Psshaw! Les branches ne sont plus ce qu'elles étaient dans ma jeunesse. Toutes, brindilles pourries et rameaux morts.

– Ton poids considérable n'est peut-être pas étranger à la chose, dit Baloo.

– Certes, je suis d'une belle longueur – une belle longueur, dit Kaa non sans un brin de vanité. Mais malgré tout, c'est la faute de ce bois nouveau. J'ai bien failli tomber, lors de ma dernière chasse, oui, bien failli; et en glissant, car ma queue n'était pas solidement enroulée autour de l'arbre, j'ai réveillé le *Bandar-log*, qui m'a affublé de tous les noms.

– Ver de terre jaune et rampant, dit Bagheera dans ses moustaches, comme si elle tentait de rappeler des souvenirs.

– Sssss! Ils auraient dit ça de moi? dit Kaa.

– Ils nous ont bien braillé en effet quelque chose d'approchant, à la dernière lune, mais pas un instant nous ne leur avons accordé d'attention. C'est leur spécialité, de dire absolument n'importe quoi – que tu as perdu toutes tes dents, par exemple, et que tu n'oseras rien affronter de plus gros qu'un chevreau, parce que, – est-il éhonté, ce *Bandar-log*? – parce que tu redoutes les cornes des boucs, insista suavement Bagheera.

Il est de fait qu'un serpent, surtout un vieux python circonspect comme Kaa, dissimule presque toujours sa colère; mais Baloo et Bagheera virent

bien onduler et se renfler les gros muscles englou-
tisseurs des deux côtés de sa gorge.

– Le *Bandar-log* a changé de terrain, dit-il tranquillement. Quand j'ai émergé au soleil, aujourd'hui,
je l'ai entendu criailler à la cime des arbres.

– C'est justement le *Bandar-log* que nous suivons
en ce moment, dit Baloo; mais les mots lui restaient
en travers de la gorge, car, du Peuple de la Jungle,
personne absolument, de mémoire de Baloo, n'avait
jamais avoué s'intéresser aux faits et gestes des
singes.

– Ce n'est donc sans doute pas une mince affaire
qui met deux chasseurs de votre trempe – chefs
dans leur propre Jungle, j'en suis certain – sur la
piste du *Bandar-log*, répondit Kaa avec courtoisie,
en enflant de curiosité.

– A la vérité, commença Baloo, je ne suis que le
vieux et parfois très inapte Docteur de la Loi auprès
des louveteaux de Seeonee, et Bagheera, que voici...

– Est Bagheera, trancha la Panthère Noire dans
un claquement de mâchoires, car elle n'avait aucun
penchant pour l'humilité.

– Voici l'affaire, Kaa. Ces voleurs de noix, cueil-
leurs de palmes, ont enlevé notre petit d'Homme,
dont tu as peut-être entendu parler.

– Ikki (que ses piquants rendent présomptueux)
a colporté des histoires concernant une créature
humaine enrôlée dans un Clan de Loups, mais je n'y
ai pas ajouté foi. Ikki est plein d'histoires à moitié
entendues et très mal répétées.

– Eh bien, c'est vrai. Il s'agit d'un petit d'Homme
exceptionnel, dit Baloo. Le meilleur, le plus avisé, le
plus hardi des petits d'Homme – mon élève, qui
rendra célèbre le nom de Baloo à travers toutes les
Jungles; de plus, je... nous... l'aimons, Kaa.

– Tss! Tss! dit Kaa en imprimant à sa tête un
mouvement pendulaire. Moi aussi, j'ai su ce que
c'est que d'aimer. Je pourrais en raconter des
choses, sur...

– Mais il faudrait être tous bien repus, par une nuit claire, pour en chanter dignement les louanges, intervint promptement Bagheera. Notre petit d'Homme est aux mains du *Bandar-log* en ce moment précis, et nous savons que, de tout le Peuple de la Jungle, leur seule bête noire, c'est Kaa.

– Moi seul. Ils ont de bonnes raisons pour cela, dit Kaa. Bavards, braques, futiles – futiles, braques, bavards –, voilà les singes. Mais pour une créature humaine, c'est une mauvaise affaire de tomber entre leurs mains. Ils se fatiguent des noix qu'ils cueillent et les jettent. Ils se trimballent avec une branche toute une demi-journée, avec l'intention d'en faire de grandes choses, et soudain, ils la cassent en deux. Cette créature humaine n'est pas à envier. Quel autre nom m'ont-ils donné? « Poisson jaune » ?

– Ver... ver... ver de terre, dit Bagheera. Et bien d'autres noms, que j'aurais honte de rapporter ici.

– Il nous incombe de leur rappeler le devoir de respect envers leur maître. Haa-ssh! Nous allons devoir rafraîchir leur mémoire défaillante. Bien, quelle direction prirent-ils avec le petit?

– La Jungle seule le sait. Vers le couchant, je crois, dit Baloo. Nous avions pensé que tu le saurais, Kaa.

– Moi? Et comment? Je les prends quand ils passent sur ma route, mais je ne chasse pas le *Bandar-log*, ni les grenouilles, ni d'ailleurs l'écume verte sur les mares.

– Vers le haut, vers le haut! Là-haut, là-haut! Hillo! Illo! Illo! Regarde vers le haut, Baloo du Clan des Loups de Seeonee!

Baloo leva les yeux pour localiser la voix, et qui vit-il? Chil le Vautour, décrivant une majestueuse courbe descendante, les franges retroussées de ses ailes inondées de soleil. L'heure du coucher était imminente pour Chil, mais il avait sillonné toute l'étendue de la Jungle, à la recherche de l'Ours, que l'épais feuillage dissimulait à sa vue.

– Qu'y a-t-il? dit Baloo.

– J'ai vu Mowgli parmi le *Bandar-log*. Il m'a prié de vous le dire. J'ai fait le guet. Ils l'ont emmené au-delà du fleuve, à la cité des singes. Aux Tanières Froides. Ils vont peut-être y rester une nuit, dix nuits, une heure. J'ai dit aux chauves-souris de guetter pendant les heures obscures. C'est là mon message. Bonne chasse, vous tous en bas!

– Plein gosier et profond sommeil à toi, Chil, cria Bagheera. Je me souviendrai de toi lors de ma prochaine mise à mort, et la tête de ma proie, je la garderai pour toi seul, ô le meilleur des vautours!

– Ce n'est rien. Ce n'est rien. L'enfant détenait le Maître-Mot. C'est le moins que je pouvais faire. Et reprenant la courbe ascendante, Chil se dirigea vers son aire.

– Il n'a pas oublié l'usage de sa langue, dit Baloo avec un gloussement de fierté. Si jeune et se rappeler le Maître-Mot, y compris celui des oiseaux, tandis qu'on vous malmène à travers les arbres!

– Le clou avait été enfoncé assez énergiquement, dit Bagheera. Mais je suis fière de lui. A présent, nous devons aller aux Tanières Froides.

Ils savaient tous où se situait l'endroit, mais le Peuple de la Jungle dans son ensemble répugnait à s'y rendre; en effet, ce qu'ils appelaient les Tanières Froides était une vieille cité abandonnée, enfouie et perdue dans la Jungle et les bêtes hantent rarement un lieu que les hommes ont déjà hanté. Le sanglier, oui, mais les tribus chasseuses, jamais. En outre, les singes y avaient élu domicile, si tant est que les singes soient capables de se fixer quelque part, et nul animal qui se respecte n'en eût approché à portée de regard, sauf en période de sécheresse, les citernes et les réservoirs à demi ruinés retenant encore un peu d'eau.

– C'est une expédition d'une demi-nuit – à toute allure, dit Bagheera.

Baloo prit un air très grave.

– J'irai le plus vite possible, fit-il avec anxiété.

– Nous n'osons pas attendre. Suis-nous, Baloo. Nous devons filer d'un pied leste – Kaa et moi.

– Avec ou sans pieds, je suis capable de tenir le train de tes quatre, dit Kaa sèchement.

Baloo fit un effort pour se hâter, mais il dut s'asseoir, tout haletant; ils le laissèrent donc; il les rejoindrait plus tard, Bagheera s'élança, au rythme de son rapide galop de panthère. Kaa ne dit mot, mais Bagheera avait beau forcer l'allure, l'énorme python de Rocher se maintenait à son niveau. L'obstacle d'un torrent pentu donnait l'avantage à Bagheera, qui le franchissait d'un bond, cependant que Kaa le traversait à la nage, la tête et deux pieds de cou hors de l'eau, mais sur le plat, Kaa regagnait la distance.

– Par la Serrure Brisée qui me délivra, dit Bagheera au crépuscule, comme tu y vas!

– J'ai faim, dit Kaa. Et puis, ils m'ont traité de grenouille mouchetée.

– De ver... de ver de terre, et jaune, par-dessus le marché.

– C'est tout un. Continuons.

Et Kaa paraissait se déverser lui-même sur le sol, où ses yeux fixes repéraient le plus court chemin et savaient n'en pas dévier.

Dans les Tanières Froides, le Peuple Singe était loin de penser aux amis de Mowgli. Ils avaient amené l'enfant jusqu'à la Cité Perdue, et se trouvaient, pour l'heure, très satisfaits d'eux-mêmes. Mowgli, qui n'avait jamais vu de ville indienne, trouva celle-ci, pourtant presque réduite à un tas de ruines, tout à fait étonnante et magnifique. Quelque roi l'avait bâtie, jadis, sur une petite colline. On pouvait encore distinguer les chaussées de pierre conduisant aux portes délabrées où de derniers éclats de bois pendaient aux gonds rongés de rouille. Des arbres s'étaient incrustés dans les murs; les remparts, tombés en ruine, achevaient de se démanteler; et des lianes sauvages, par les fenêtres des tours, pendaient aux murs en lourdes touffes broussailleuses.

Un grand palais sans toit couronnait la colline, le marbre des cours et des fontaines était fendu, tout maculé de rouge et de vert, et même les pavés de la cour réservée jadis aux éléphants royaux s'étaient disjoints sous la poussée des herbes et des jeunes arbres. Du palais, la perspective des innombrables rangées de maisons sans toit qui composaient la ville évoquait des rayons de miel vides, emplis de ténèbres; ici, un informe bloc de pierre, idole jadis, au carrefour de quatre routes; là, au coin des rues, des cratères et des rigoles, jadis puits publics; et là, écroulés, les dômes des temples, avec des figuiers sauvages qui sortaient de leurs flancs. Les singes appelaient ce lieu leur cité, et affichaient du mépris pour le Peuple de la Jungle parce qu'il vit dans la forêt. Mais ils ignoraient absolument tout de la fonction et de l'utilisation des édifices. Assis en rond dans l'antichambre de la salle du conseil royal, ils grattaient leurs puces et feignaient d'être des hommes; ou bien, au hasard de leurs cavalcades au travers des maisons sans toit, ils amassaient des fragments de plâtre et de vieilles briques dans un coin, cachette vite oubliée; s'ensuivait une mêlée générale, avec force cris et bourrades, brusquement interrompue pour un grand jeu du haut en bas des terrasses du jardin royal, dont on secouait les rosiers et les orangers pour le plaisir d'en voir tomber les fruits et les fleurs. Tous les passages, les souterrains du palais, les centaines de petites chambres obscures, ils exploraient tout, sans jamais se rappeler ce qu'ils avaient vu ou pas; et ils déambulaient ainsi, par petits groupes ou en foule, s'annonçant mutuellement qu'ils se comportaient à l'image des hommes. Ils s'abreuvaient aux citernes, dont ils troublaient l'eau, puis déclenchaient des bagarres à son propos; puis, agglutinés en masses, s'élançaient en criant : « En sagesse, bonté, intelligence, force et douceur, personne dans la Jungle ne vaut le *Bandar-log*. » Et l'on recommençait, pour enfin, fatigué de la cité, retourner aux cimes des arbres, dans l'espoir d'attirer l'attention du Peuple de la Jungle.

Formé selon la Loi de la Jungle, Mowgli n'aimait ni ne comprenait ce genre de vie. L'après-midi était déjà avancé quand les singes, avec leur fardeau, arrivèrent aux Tanières Froides; et au lieu de se mettre à dormir, comme l'aurait fait Mowgli après un long voyage, se donnant la main, ils se mirent à danser et à chanter leurs chansons sans queue ni tête. L'un d'entre eux fit un discours, expliquant à ses compagnons que la capture de Mowgli marquait un tournant dans l'histoire du *Bandar-log*, car il allait leur montrer l'art d'entrelacer joncs et brindilles pour se protéger de la pluie et du froid. Mowgli cueillit quelques lianes, mais en un rien de temps l'attention se relâcha, on se mit à tirer la queue des camarades, à sauter en tous sens à quatre pattes, en toussotant.

– Je voudrais manger, dit Mowgli. Je suis un étranger dans cette partie de la Jungle. Apportez-moi de la nourriture, ou accordez-moi de chasser dans ces parages.

Vingt, trente singes partirent d'un bond pour lui ramener des noix et des papayes sauvages; mais chemin faisant, une bagarre éclata, et c'était bien trop d'aria, de revenir avec ce qui restait de fruits. Contrarié et furieux aussi bien qu'affamé, Mowgli se mit à errer dans la Cité vide, lançant de temps à autre, mais toujours en vain, le cri de Chasse de l'Etranger, convaincu en vérité d'avoir échoué en un fort méchant lieu. « Tout ce qu'a dit Baloo du *Bandar-log* est vrai, songeait-il. Ils n'ont ni Loi, ni Cri de Chasse, ni chefs – mots ineptes et petites mains prestes et chapardeuses, rien de plus. Voilà, si je meurs de faim ou suis tué en ce lieu, ce sera entièrement par ma faute. Mais il faut que j'essaie de retourner dans ma Jungle. J'aurai sûrement droit à une raclée de Baloo, mais cela vaut mieux que de cavaler après d'absurdes pétales de roses avec le *Bandar-log.* »

A peine était-il arrivé au mur d'enceinte que les singes le ramenèrent en arrière, en lui disant qu'il ne connaissait pas son bonheur, et en le pinçant pour l'inciter à la reconnaissance. Il serra les dents et ne dit rien; mais, environné de la meute braillarde, il se dirigea vers une terrasse qui dominait les réservoirs de grès rouge à demi remplis d'eau de pluie. Au centre de la terrasse surgissaient les ruines d'un pavillon de marbre blanc, bâti pour des reines mortes depuis cent ans. Le toit en coupole, à demi effondré, bouchait le passage souterrain par lequel les reines avaient coutume de venir du palais; mais les murs étaient faits d'écrans de dentelle de marbre – splendide découpage blanc comme lait, rehaussé d'incrustations d'agates, cornalines, jaspe et lapis-lazuli; et lorsque apparut la lune derrière la colline, répandant sa clarté au travers des ajours, elle projeta sur le sol des ombres semblables à une broderie de velours noir. Tout contrarié, somnolent et affamé qu'il fût, Mowgli ne put s'empêcher de rire quand les singes, par chœurs de vingt, reprirent leur litanie sur leur magnanimité, leur sagesse, leur force, leur douceur et, en revanche, sa folie de vouloir les quitter. « Nous sommes grands. Nous sommes libres. Nous sommes extraordinaires. Les plus extraordinaires de toute la Jungle! Nous le disons tous, ce doit donc être vrai, criaient-ils. Auditoire vierge, apte de surcroît à rapporter nos paroles au Peuple de la Jungle – ce qui l'amènera à nous prêter attention à l'avenir –, nous allons tout te révéler de nos très excellentes personnes. » Mowgli ne fit aucune objection; les singes se rassemblèrent par centaines et centaines sur la terrasse pour écouter leurs propres orateurs chanter les louanges du *Bandar-log;* et dès qu'un orateur s'interrompait pour reprendre son souffle, ils se mettaient à crier en chœur : « Ceci est vrai; nous disons tous de même. » Hochant la tête, battant des paupières, Mowgli acquiesçait quand ils lui posaient une question; mais tout ce vacarme lui donnait le tournis. « Tabaqui, le Chacal, a sans doute mordu tout ce monde, se disait-il, et maintenant ils ont la rage. A coup sûr, c'est bien *dewanee,* la rage. Ne dorment-ils donc jamais? Ah, voici un nuage qui vient voiler cette lune de malheur. Si, par chance, il était assez gros, je pourrais tenter la fuite dans l'obscurité. Mais je suis fatigué. »

Ce même nuage, deux amis sûrs le guettaient dans la douve effondrée, au bas du mur d'enceinte; en effet, Bagheera et Kaa, très conscients du danger représenté par le Peuple Singe en masse, ne tenaient pas à courir le moindre risque. Les singes ne se battent jamais qu'à cent contre un, et dans la Jungle on n'a cure de ce petit jeu.

– Je vais prendre par le mur ouest, murmura Kaa, et ferai une descente fulgurante, utilisant à mon profit la pente du sol. Ils ne vont pas se jeter sur mon dos par centaines, non, mais...

– Je sais, dit Bagheera. Que Baloo n'est-il ici! Mais nous devons faire notre possible. Quand ce nuage couvrira la lune, j'irai vers la terrasse. Ils tiennent là une sorte d'assemblée au sujet de l'enfant.

– Bonne chasse! dit Kaa d'un air sinistre.

Il se coula vers le mur ouest, qui se trouvait être le moins en ruine; le gros serpent perdit donc du temps à chercher un chemin pour gravir les pierres. Le nuage cacha la lune. Plongé dans l'expectative, Mowgli entendit soudain le pas léger de Bagheera sur la terrasse. La Panthère Noire avait franchi le talus à toute allure presque sans bruit et, trop avisée pour perdre son temps à mordre, elle frappait de droite et de gauche, dans la masse des singes assis autour de Mowgli en cercles de cinquante ou soixante rangs d'épaisseur. Il y eut un hurlement d'effroi et de fureur; puis, tandis que Bagheera trébuchait sur les corps qui roulaient et se débattaient sur le sol, un singe lança : « Il n'y en a qu'une ici! Tuez-la! Tuez! » Mordant, griffant, déchirant, arrachant, une masse houleuse de singes se referma sur Bagheera; pendant ce temps, à cinq ou six, s'emparant de Mowgli qu'ils hissèrent au faîte du mur du pavillon, ils le poussèrent par le trou béant de la coupole. La chute, de quinze bons pieds, eût sérieusement contusionné un enfant élevé chez les hommes; mais Mowgli tomba comme Baloo lui avait appris à tomber, et atterrit sur ses pieds.

– Reste ici, crièrent les singes, jusqu'à ce que nous ayons tué tes amis; plus tard, nous reviendrons jouer avec toi... si le Peuple Venimeux te laisse en vie.

– Nous sommes du même sang, vous et moi, se hâta de dire Mowgli, lançant l'appel du Serpent.

Alerté par un bruissement et un sifflement dans les décombres qui l'environnaient, il lança l'appel une deuxième fois, pour plus de sûreté.

– Bien, sssoit! Capuchons bas, vous tous!, lancèrent en sourdine une demi-douzaine de voix (toute ruine, en Inde, devient tôt ou tard un repaire de serpents, et le vieux pavillon grouillait de cobras). Ne bouge pas, Petit Frère, tes pieds pourraient nous faire du mal.

Figé dans toute la mesure du possible, Mowgli scrutait à travers les ajours, l'oreille tendue vers l'infernal vacarme de la bataille autour de la Panthère Noire – au milieu des hurlements, glapissements, bousculades, le râle rauque et profond de Bagheera multipliant dérobades, attaques, vrilles, assauts fulgurants sous les hordes agglutinées de ses ennemis. Pour la première fois depuis sa naissance, Bagheera luttait pour sa vie.

– Baloo est sûrement tout près; Bagheera ne serait pas venue seule, pensa Mowgli; puis il cria à pleine voix : A la citerne, Bagheera! Roule vers la citerne! Roule et plonge! Vers l'eau!

Bagheera entendit; galvanisée par ce cri qui la rassurait sur le sort de Mowgli, elle s'ouvrit un chemin, au prix d'efforts désespérés, pouce par pouce, frappant en silence. Alors, des ruines du mur le plus proche de la Jungle, s'éleva le roulement du cri de guerre de Baloo. Malgré tous ses efforts, le vieil ours n'avait pu arriver plus tôt.

– Bagheera, cria-t-il, me voici. Je grimpe! Je me hâte! *Ahuwora!* Les pierres glissent sous mes pieds! Attention, j'arrive, ô très infâme *Bandar-Log!*

A bout de souffle, il apparut à la terrasse, disparaissant aussitôt jusqu'à la tête sous une vague de singes; mais il se planta carrément sur son séant, déploya ses pattes de devant et se mit à en étreindre autant qu'il en pouvait tenir, puis à cogner d'un mouvement régulier, *bat-bat-bat*, évoquant la cadence d'une roue à aubes. Un boum et un floc avertirent Mowgli que Bagheera était enfin parvenue à la citerne, où les singes ne pouvaient suivre. La panthère resta là, suffoquant, la tête juste hors de l'eau, tandis que les singes, envahissant sur trois rangs les marches rouges, se trémoussaient de rage, prêts à se jeter sur elle de toutes parts si elle émergeait pour venir en aide à Baloo. C'est alors que, de désespoir, Bagheera, redressant son menton ruisselant, lança l'Appel du Serpent pour demander secours – « Nous sommes du même sang, Vous et moi » – car elle était persuadée que Kaa avait pris sa queue à son cou à la dernière minute. Et Baloo, à demi étouffé sous les singes au bord de la terrasse, ne put réprimer un petit gloussement en entendant la Panthère Noire appeler à l'aide.

Kaa venait tout juste de se hisser au faîte du mur

ouest; son puissant mouvement de torsion final descella un chaperon, qui roula dans le fossé. Répugnant à perdre le moindre avantage du terrain, il s'enroula et se déroula une ou deux fois, pour être sûr que chaque pied de son long corps se trouvait en état de marche. Pendant tout ce temps, la bataille avec Baloo se poursuivait, les singes hurlaient toujours dans la citerne autour de Bagheera, et Mang, la Chauve-Souris, voletant de-ci, de-là, répandit à travers la Jungle la nouvelle du grand combat, provoquant ainsi le barrissement de Hathi lui-même, l'Eléphant Sauvage, et réveillant, très loin, des bandes isolées de la Gent Singe qui accoururent, bondissant à travers les routes des arbres, à la rescousse de leurs camarades des Tanières Froides, cependant que le vacarme de la lutte mettait en émoi tous les oiseaux diurnes à des milles à l'entour. Alors, tout droit, très vite, surgit Kaa, impatient de tuer. La puissance de combat d'un python réside dans la force battante de sa tête appuyée de toute la puissance et de tout le poids de son corps. Essayez d'imaginer une lance, un bélier ou un marteau, lourd d'environ une demi-tonne, dont le manche est habité par une volonté froide et déterminée, et vous avez à peu près l'image de Kaa en plein combat. Un python de quatre ou cinq pieds peut renverser un homme s'il le frappe en pleine poitrine, et Kaa, vous le savez, mesurait trente pieds de long. Il assena son premier coup au cœur même de la foule qui assiégeait Baloo – coup au but, bouche close, en silence. Il n'eut pas à frapper deux fois. Ce fut la débandade parmi les singes, aux cris de « Kaa! C'est Kaa! Filez! Filez! »

Des générations de singes avaient été incitées à amender leur conduite par l'épouvante que distillaient leurs aînés à l'évocation de Kaa, le voleur nocturne, qui glisse le long des branches sans plus de bruit que la mousse qui pousse, et s'empare du singe le plus vigoureux de la terre; du vieux Kaa capable, en simulant une branche morte ou une souche pourrie, de duper les plus malins, jusqu'à la seconde où la branche se saisit d'eux. Kaa était tout ce que redoutaient les singes dans la Jungle, car aucun d'eux ne connaissait les limites de son pouvoir, aucun d'eux ne pouvait le regarder en face, aucun d'eux n'était jamais sorti vivant de son étreinte. Ce fut donc le sauve-qui-peut général, avec des hoquets de terreur, vers les murs et les toits des maisons, et Baloo poussa un profond soupir de soulagement. Malgré l'épaisseur de sa fourrure, bien plus fournie que celle de Bagheera, il avait cruellement souffert dans la bataille. Puis Kaa, ouvrant la bouche pour la première fois, émit une parole dans un long sifflement et tout là-bas, les singes qui accouraient pour aider à la défense des Tanières Froides s'arrêtèrent net, paralysés de terreur, et les branches surchargées finirent par ployer et craquer sous leur poids. Sur les murs et les demeures vides, les singes se turent, et dans le silence qui enveloppa la cité, Mowgli entendit Bagheera secouer ses flancs humides en émergeant de la citerne. Puis la clameur éclata de nouveau. Les singes bondirent plus haut sur les murs, se cramponnèrent au cou des grandes idoles de pierre, et, avec force cris perçants, sautillèrent le long des créneaux, cependant que Mowgli, qui dansait dans le pavillon, l'œil collé à la claire-voie, se mit à siffler entre ses incisives pour imiter le hululement des hiboux, en signe de dérision et de mépris.

– Sortez le petit d'Homme de ce piège; je n'en puis faire davantage, haleta Bagheera. Prenons le petit d'Homme et partons. Ils risquent d'attaquer de nouveau.

– Ils ne bougeront pas avant que je leur en donne l'ordre. Restez là, ainsssi! Kaa siffla et la cité retomba dans le silence. Je ne pouvais pas venir plus tôt, camarade, mais j'ai cru t'entendre appeler... dit-il à l'intention de Bagheera.

– Je... J'ai peut-être poussé un cri pendant le combat, répondit Bagheera. Baloo, es-tu blessé?

– J'ai l'impression d'avoir été morcelé en une centaine de petits oursons, dit Baloo d'un ton sérieux, en secouant ses pattes l'une après l'autre. Wow! Je suis moulu. Kaa, nous te devons, je crois, la vie – Bagheera et moi.

– Peu importe. Où est le rejeton d'Homme?

– Ici, dans un piège. Je n'arrive pas à me hisser dehors, cria Mowgli.

La voussure de la rotonde écroulée surplombait sa tête.

– Emmenez-le. Il se trémousse comme Mao, le Paon. Il va écraser nos petits, dirent les cobras à l'intérieur.

– Ah, ah!, dit Kaa avec un petit rire. Il a des amis partout, ce rejeton d'Homme. Recule-toi, petit; cachez-vous, ô, Peuple du Poison. Je vais briser le mur...

Un examen minutieux permit à Kaa de découvrir, dans la dentelle de marbre, une lézarde blanchâtre révélant un point faible; il donna deux ou trois petits coups de tête pour évaluer la distance; puis, dressant six pieds de son corps au-dessus du sol, le nez pointé, il assena de toutes ses forces à l'endroit précis une demi-douzaine de coups de bélier. En mille miettes, les ajours s'évanouirent en un nuage de poussière et de gravats; d'un bond, Mowgli sortit par la brèche, se jeta entre Baloo et Bagheera –, et passa un bras autour des deux cous puissants.

– Es-tu blessé? dit Baloo en l'étreignant avec douceur.

– Je suis endolori, affamé, et moulu plus qu'à moitié. Mais, ô, mes Frères, ils vous ont sérieusement malmenés! Vous saignez!

– Nous ne sommes pas les seuls, dit Bagheera en se léchant les babines, et en promenant son regard sur les tas de singes morts sur la terrasse et autour de la citerne.

– Ce n'est rien, ce n'est rien, du moment que tu es sauf, ô ma fierté entre toutes les petites grenouilles! gémit Baloo.

– De cela, nous jugerons plus tard, coupa Bagheera d'un ton sec qui déplut beaucoup à Mowgli. Mais voici Kaa : nous lui devons l'issue du combat, et toi, tu lui dois la vie. Remercie-le dans le respect de nos coutumes, Mowgli.

Mowgli se retourna et vit la tête du grand python osciller à un pied au-dessus de la sienne.

– Ainsi, c'est là le rejeton d'Homme, dit Kaa. Belle douceur de peau; mais il n'est pas si différent du *Bandar-log*. Prends garde, petit, que je ne te prenne pour un singe, au crépuscule, quand je viens de changer de vêture.

– Nous sommes du même sang, toi et moi, répondit Mowgli. Je te dois la vie, à dater de cette nuit. Ma proie sera ta proie, s'il t'arrive d'avoir faim, ô Kaa!

– Mille mercis, Petit Frère, dit Kaa avec un pétillement dans les yeux. Et que peut tuer un si hardi chasseur? Il me plairait de suivre sa prochaine battue.

– Je ne tue rien. Je suis trop petit. Mais je rabats les chèvres vers ceux qui en ont l'emploi. Quand tu te sentiras vide, viens à moi voir si je dis vrai. Je ne manque pas d'adresse, grâce à ceci – il tendit ses mains – et si jamais tu tombes dans un piège, ce sera pour moi l'occasion d'acquitter la dette que j'ai contractée envers toi, envers Bagheera et envers Baloo, ici présents. Bonne chasse à vous tous, mes maîtres.

– Bien dit, marmotta Baloo.

Mowgli avait en effet rendu grâce fort joliment. Pendant une minute, le python laissa doucement reposer sa tête sur l'épaule de Mowgli.

– Cœur courageux, langue courtoise, dit-il, te mèneront loin dans la Jungle, Petit. Mais à présent, quitte ces lieux sans tarder avec tes amis. Va dormir, la lune se couche et ce qui va suivre n'est pas un spectacle pour toi.

La lune s'enfonçait derrière les collines; les rangées de singes frissonnants blottis les uns contre les autres sur les murs et les créneaux avaient l'air de bizarres franges loqueteuses et tremblotantes. Baloo descendit boire à la citerne; Bagheera se mit en devoir de lisser sa fourrure, cependant que Kaa se coulait au centre de la terrasse, fermant les mâchoires d'un claquement sonore qui riva sur lui les yeux de tous les singes.

– La lune se couche, dit-il. Reste-t-il encore assez de lumière pour voir?

Des murs s'éleva un gémissement semblable au vent à la cime des arbres : « Nous voyons, ô Kaa! »

– Bien. Maintenant, place à la Danse... la Danse de la Faim de Kaa. Restez tranquilles et regardez.

Il décrivit deux ou trois fois un grand cercle, balançant la tête d'un mouvement de navette. Puis il se mit à faire des boucles, des huit avec son corps, de mous triangles évanescents qui se fondaient en carrés et pentagones, des tertres en torsades, mouvement perpétuel et continu, au sourd bourdonnement ininterrompu de sa chanson. Les ténèbres gagnaient; on ne vit bientôt plus la torsion et la tension des anneaux; mais on entendait toujours le bruissement des écailles.

Figés comme pierre, Baloo et Bagheera avaient des grondements dans la gorge, les poils du cou hérissés, et Mowgli était tout yeux et tout étonnement.

– *Bandar-log*, dit enfin la voix de Kaa, pouvez-vous bouger main ou pied sans mon ordre? Parlez!

– Sans ton ordre, nous ne pouvons bouger main ni pied, ô Kaa!

– Bien! Avancez tous d'un pas vers moi!

Une oscillation irrésistible porta les rangées des

singes en avant. Baloo et Bagheera firent à l'unisson un pas empesé.

– Plus près! siffla Kaa.

Nouvelle avancée générale.

Mowgli posa les mains sur Baloo et Bagheera pour les éloigner; les deux grosses têtes sursautèrent, comme arrachées d'un rêve.

– Laisse ta main sur mon épaule, dit Bagheera dans un murmure. Laisse-l'y, ou je me verrai absolument contrainte de retourner... de retourner vers Kaa. Aah!

– Le vieux Kaa est en train de décrire des cercles dans la poussière, voilà tout, dit Mowgli. Allons-nous-en. Et tous trois s'éclipsèrent en direction de la Jungle par une brèche dans les murs.

– *Whoof!* fit Baloo quand il se retrouva sous le paisible couvert des arbres. Jamais plus je ne ferai alliance avec Kaa. – Et il s'ébroua de fond en comble.

– Il en sait plus que nous, dit Bagheera en frissonnant. Un peu plus, si j'étais restée, je m'enfonçais pas à pas dans sa gorge.

– Ce chemin-là, plus d'un le prendra avant le prochain lever de lune, dit Baloo. Il fera bonne chasse... à sa manière propre.

– Mais à quoi rimait tout cela? demanda Mowgli, qui ignorait tout des pouvoirs de fascination d'un python. Tout ce que j'ai vu, c'est un gros serpent stupidement occupé à décrire des cercles jusqu'à l'arrivée des ténèbres. Et il avait le nez tout abîmé. Oh! Oh!

– Mowgli, s'emporta Bagheera, si son nez était abîmé, c'est à cause de toi, à cause de toi si mes oreilles, mes flancs, mes pattes, si le cou et les épaules de Baloo, sont déchirés. Ni Baloo ni Bagheera ne vont être capables de chasser avec plaisir pendant de longs jours.

– Ce n'est rien, dit Baloo. Nous avons récupéré le petit d'Homme.

– Exact. Mais l'addition est lourde : en temps, qu'on aurait pu passer en fructueuse chasse; en blessures; en poil – me voici moitié pelée tout le long du dos –; et enfin, en honneur. Rappelle-toi, en effet, Mowgli, que moi, la Panthère Noire en personne, je fus obligée de prier Kaa de me protéger, et que la Danse de la Faim nous a tous deux hébétés comme oisillons, Baloo et moi. Et tout ça, petit d'Homme, pour avoir joué avec le *Bandar-log*!

– Oui, c'est vrai, dit Mowgli, le cœur gros. Je suis un petit d'Homme malfaisant, et je ressens une tristesse au ventre.

– Hum! Que dit la Loi de la Jungle, Baloo?

Baloo répugnait à causer de nouveaux ennuis à Mowgli; mais la Loi ne saurait être transgressée; aussi marmonna-t-il :

– Chagrin n'ajourne pas châtiment. Mais n'oublie pas, Bagheera, il est très petit.

– Je n'oublierai pas. Mais il a mal agi et l'heure est venue de donner des coups. Mowgli, as-tu quelque chose à dire?

– Rien. J'ai mal agi. Vous êtes blessés, Baloo et toi. Ce n'est que justice.

Bagheera lui administra une demi-douzaine de petites tapes minuscules, à peine assez fortes, aux yeux d'une panthère, pour réveiller l'un de ses propres petits; mais pour un garçon de sept ans, ce fut une correction assez sévère pour éveiller en vous le désir d'y échapper. Quand tout fut consommé, Mowgli éternua, et se releva, sans un mot.

– A présent, dit Bagheera, saute sur mon dos, Petit Frère, nous retournons à la maison.

Une des beautés de la Loi de la Jungle, c'est que le châtiment règle tous les comptes. On ne revient jamais là-dessus.

Mowgli laissa reposer sa tête sur le dos de Bagheera, et s'endormit si profondément qu'il ne s'éveilla même pas lorsqu'on le déposa contre le flanc de Mère Louve dans la grotte familiale.

CHANSON DE ROUTE DU BANDAR-LOG

Nous filons, guirlande mouvante,
A mi-chemin de la lune vigilante!
Voyez nos bandes caracolantes,
Voyez nos quatre mains : tout cela ne vous tente?
Et cette queue qui, avec l'arc de Cupidon rivalise,
N'est-elle pas, ainsi recourbée, votre hantise?
Vous vous fâchez, mais – la belle affaire,
Frère, ta queue te pend derrière!

En ringuette dans la futaie,
Nous songeons à nos beaux secrets;
Nous rêvons à de virtuels hauts faits
Sitôt rêvés, sitôt parfaits;
Une chose noble, grande et bonne
Que la vertu d'un simple souhait vous donne.
A présent, nous allons – la belle affaire,
Frère, ta queue te pend derrière!

Tous les langages de nous connus
De chauve-souris, fauve ou faucon venus –
De cuir, nageoire, écaille ou plumage –
Mélangeons-les tous en un vif bredouillage!
Excellent! Parfait! Est-ce assez?
Comme les hommes, tout à fait!
Jouons à être – la belle affaire,
Frère, ta queue te pend derrière!
Du Peuple Singe, c'est la manière.

Rejoignez donc nos bondissants essaims qui se
[bagarrent parmi les pins,
Qui montent en flèche vers le raisin sauvage se
[balançant léger et aérien.
Par les détritus de notre sillage, par tout notre beau
[tapage,
Soyez sûrs, soyez certains, nous ne pouvons que
[faire bien!

« AU TIGRE! AU TIGRE! »

Comment fut la chasse, hardi chasseur?
Frère, le guet fut long et froid labeur.

Et ce gibier que tu partis mettre à mort?
Frère, il broute dans la Jungle encore.

Où est cette puissance qui faisait ta fierté?
Frère, elle fuit de mon flanc et de mon côté.

Et cette hâte qui t'aiguillonne?
Frère, à ma tanière! C'est la mort qui me talonne!

Il nous faut à présent revenir à la première histoire. Quand Mowgli quitta la grotte du loup, à la suite de son altercation avec le Clan au Rocher du Conseil, il descendit jusqu'aux terres labourées, séjour des villageois; mais il ne voulut pas s'y arrêter : la Jungle était trop proche, et il n'ignorait pas qu'il s'était fait au moins un ennemi irréductible au Conseil. Il continua donc sa course, sans dévier du chemin rocailleux qui suit la vallée; au bout d'environ vingt milles, au petit trot soutenu, il parvint à une région inconnue de lui. La vallée s'ouvrait sur une vaste plaine parsemée de rochers et coupée de ravins. A un bout se nichait un petit village, et à l'autre, la Jungle touffue descendait en une vaste courbe jusqu'aux pâturages où elle finissait abruptement, comme tranchée net d'un coup de houe. Partout dans la plaine paissaient bétail et buffles, et quand les petits garçons qui gardaient les

troupeaux virent Mowgli, ils s'enfuirent en poussant des cris, et les chiens jaunes errants qu'on voit toujours rôder autour des villages indiens se mirent à aboyer. Mowgli poursuivit sa route, poussé par la faim, et en arrivant à l'entrée du village, il vit le gros buisson épineux que l'on tirait devant la grille au crépuscule, poussé sur le côté.

– Hum ! dit-il, pour s'être déjà maintes fois trouvé

nez à nez avec une barricade de ce genre au cours de ses expéditions nocturnes en quête de choses à manger. Eh bien, même ici, les hommes redoutent le Peuple de la Jungle.

Il s'assit près de la grille; un homme sortit : aussitôt, Mowgli se leva, ouvrit la bouche, et montra du doigt son gosier pour signifier qu'il avait besoin de nourriture. Médusé, l'homme remonta en courant l'unique rue du village, appelant à grands cris le prêtre, gros homme gras, vêtu de blanc, une marque rouge et jaune au front. Le prêtre vint à la grille, traînant à sa suite plus de cent personnes, les yeux écarquillés, le doigt pointé vers Mowgli, dans un tohu-bohu de cris et d'interjections.

– Aucun savoir-vivre, cette Gent Humaine, se dit Mowgli. Rien à envier au singe gris. Aussi rejeta-t-il en arrière sa longue chevelure, faisant les gros yeux à la foule.

– Qu'y a-t-il là d'effrayant? dit le prêtre. Regardez ces marques aux bras et aux jambes. Ce sont morsures de loups. Ce n'est qu'un enfant-loup échappé de la Jungle.

C'est vrai, en chahutant avec Mowgli, les louveteaux avaient souvent dépassé la mesure avec leurs petits coups de dents, et Mowgli avait les bras et les jambes tout balafrés de cicatrices blanches. Mais jamais, au grand jamais, Mowgli ne les eût qualifiées de morsures : lui savait ce que mordre veut dire.

« Arré! Arré! » lancèrent en même temps deux ou trois femmes. « Mordu par les loups, pauvre enfant! C'est un beau petit. Il a des yeux de braise. Parole d'honneur, Messua, il n'est pas sans ressembler à ton fils, qui fut enlevé par le tigre. »

« Fais voir », dit une femme parée de lourds anneaux de cuivre aux poignets et aux chevilles; la main en écran au-dessus des yeux, elle scruta Mowgli. « Tu dis vrai. Bien que plus fluet, c'est le portrait tout craché de mon garçon. »

Habile homme, et sachant que Messua était la

femme du plus riche habitant du village, le prêtre leva les yeux au ciel une pleine minute et annonça solennellement : « Ce que la Jungle a pris, la Jungle le restitue. Emmène ce garçon dans ta demeure, ma sœur, et n'oublie pas d'honorer le prêtre qui voit si loin dans la vie des hommes. »

– Par le Taureau qui me racheta, se dit Mowgli, toutes ces palabres évoquent dangereusement l'inspection pratiquée par le Clan! Allons, si homme je suis, homme je dois devenir.

La foule se dispersa, cependant que la femme faisait signe à Mowgli de la suivre jusqu'à sa hutte, riche d'un lit laqué de rouge, d'une grande jatte à grains en terre cuite, ornée de curieux motifs en relief, d'une demi-douzaine de casseroles en cuivre, de l'image d'un dieu hindou dans une petite niche et, accroché au mur, d'un vrai miroir, comme on en trouve dans les foires de campagne.

Elle lui donna un grand verre de lait et du pain; puis, lui posant la main sur la tête, elle le regarda au fond des yeux : après tout, c'était peut-être là réellement son fils, revenu de la Jungle où le tigre l'avait emporté. Aussi lui dit-elle : « Nathoo, ô Nathoo! » Ce nom laissa Mowgli sans réaction. « Ne te rappelles-tu pas le jour où je t'ai donné tes nouvelles chaussures? » Elle lui toucha un pied : il était presque aussi dur que la corne. « Non, fit-elle d'un ton désolé. Ces pieds-là n'ont jamais porté de chaussures, mais tu ressembles beaucoup à mon Nathoo, tu seras donc mon fils. »

Mowgli se sentait mal à l'aise : en effet, de sa vie, il ne s'était jamais trouvé sous un toit. Mais en regardant le chaume, il se rendit compte que ce serait un jeu d'enfant, de l'arracher, s'il voulait se sauver; en outre, la fenêtre était sans fermeture. Il finit par se dire : « A quoi bon être homme, si l'on ne comprend pas le langage de l'homme? Me voici pour l'heure aussi niais et aussi muet que le serait un homme avec nous dans la Jungle. Il faut que j'apprenne leur langue. »

Pendant qu'il vivait avec les loups, l'apprentissage du brame des cerfs dans la Jungle, ou du grognement du marcassin, avait constitué un travail d'imitation très sérieux. Aussi, dès que Messua prononçait un mot, Mowgli l'imitait quasiment à la perfection et avant la nuit, il savait déjà le nom de beaucoup de choses dans la hutte.

Une difficulté surgit à l'heure du coucher devant le refus total de Mowgli de dormir sous cette hutte, copie conforme à ses yeux d'un piège à panthère; et lorsqu'on ferma la porte, il partit par la fenêtre. « Laisse-le faire, dit le mari de Messua. Rappelle-toi qu'il n'a peut-être encore jamais dormi dans un lit. S'il a réellement été envoyé pour remplacer notre fils, il ne se sauvera pas. »

Mowgli alla donc s'étendre sur la belle herbe longue qui bordait le champ; mais il n'avait pas fermé les yeux qu'un tendre museau gris venait se fourrer sous son menton.

– Pouah! jeta Frère Gris (l'aîné des louveteaux de Mère Louve). Piètre récompense, pour t'avoir suivi pendant vingt milles. Tu sens la fumée de bois et le bétail – toute l'odeur de l'homme, déjà. Réveille-toi, Petit Frère. Je suis porteur de nouvelles.

– Tout le monde va bien dans la Jungle? dit Mowgli en le serrant dans ses bras.

– Tout le monde, sauf les loups qui ont été brûlés par la Fleur Rouge. Ecoute bien : Shere Khan est parti chasser au loin jusqu'à ce que son pelage repousse, car il est sérieusement roussi. Il jure qu'à son retour il couchera tes os dans la Waingunga.

– Nous sommes deux sur ce terrain. J'ai moi aussi fait une petite promesse. Mais les nouvelles sont toujours bonnes à connaître. Je suis fatigué ce soir – très fatigué par tant de nouveautés, Frère Gris. Mais continue à m'apporter les nouvelles, toujours.

– Tu n'oublieras pas que tu es un loup? Les

hommes ne te le feront pas oublier? s'inquiéta Frère Gris.

– Jamais. Je me rappellerai toujours que je t'aime, toi, et tous ceux de notre grotte; mais je me rappellerai toujours aussi que j'ai été chassé du Clan.

– Et que tu peux être chassé d'un autre clan. Les hommes ne sont que des hommes, Petit Frère, et leurs propos ne sont ni plus ni moins que propos de grenouilles dans une mare. Quand je redescendrai ici, je t'attendrai dans les bambous en bordure du pacage.

Pendant les trois mois qui suivirent cette nuit, Mowgli ne franchit presque jamais la grille du village, tant il était occupé à apprendre les us et coutumes des hommes. D'abord, il dut se ceindre les reins d'une étoffe, ce qui le contraria horriblement; ensuite, il lui fallut se familiariser avec l'argent, auquel il ne comprenait miette, et avec le labourage, dont il ne voyait pas l'utilité. Il y eut aussi le problème des enfants du village qui le faisaient enrager. Heureusement, la Loi de la Jungle lui avait appris à se maîtriser, car, dans la Jungle, de cette maîtrise dépendent vie et nourriture. Mais quand ils se moquaient de lui, parce qu'il refusait de jouer à des jeux, ou de lancer des cerfs-volants, ou parce qu'il écorchait un mot, il lui prenait une envie de les soulever de terre et de les casser en deux, que seule réprimait sa conscience de l'indignité pour un chasseur de tuer des petits tout nus.

Il n'avait pas la moindre notion de sa propre force. Dans la Jungle, il se savait faible en comparaison des bêtes, mais au village, les gens disaient qu'il était fort comme un taureau.

Mowgli ignorait absolument la différence que crée la caste entre les hommes. Quand l'âne du potier glissa dans l'argilière, Mowgli le désembourba en le tirant par la queue, et il donna un coup de main pour empiler les pots en partance

« Réveille-toi, Petit Frère, je suis porteur de nouvelles. »

pour le marché de Khanhiwara. Geste particulièrement choquant, le potier étant de basse caste et son âne, pis encore. Quand le prêtre le réprimanda, Mowgli le menaça de le ficeler aussi sur l'âne, et le prêtre s'en fut conseiller au mari de Messua de mettre l'enfant au travail dès que possible. Le chef du village annonça à Mowgli qu'il aurait à sortir avec les buffles le lendemain et à les garder pendant la pâture. Qui pouvait être plus ravi que Mowgli? Et ce soir-là, en raison de sa nomination au service public, pour ainsi dire, il se rendit au cercle qui tenait réunion quotidienne sur un socle en maçonnerie, sous un grand figuier. C'était le club du village, où se réunissaient et fumaient le chef, le veilleur, le barbier, champions des potins du village, le vieux Buldeo, le chasseur du village, détenteur d'un mousquet Tower. Les singes bavardaient, perchés sur les hautes branches; dans une lézarde du socle vivait un cobra, qui avait droit tous les soirs à sa petite soucoupe de lait, parce qu'il était sacré; et les vieillards, assis autour de l'arbre, devisaient en tirant sur leurs gros narguilés, jusqu'à une heure avancée de la nuit. Ils racontaient de mirifiques histoires de dieux, d'hommes et de fantômes. Et Buldeo avait la palme, avec ses histoires sur les mœurs des bêtes de la Jungle, qui finissaient par exorbiter les yeux des enfants, venus s'asseoir à l'extérieur du cercle. La plupart des récits avaient trait aux animaux, vu l'immédiate proximité de la Jungle. Le cerf et le sanglier fouissaient leurs récoltes; et de temps à autre, le tigre enlevait un homme, au crépuscule, en vue des portes du village.

Mowgli qui, naturellement, savait un peu de quoi il retournait, devait se cacher la figure pour dissimuler son hilarité, tandis que Buldeo, son mousquet Tower en travers des genoux, allait crescendo d'histoire merveilleuse en histoire merveilleuse; et les épaules de Mowgli étaient secouées de rire.

Buldeo avait entrepris d'expliquer comment le

tigre qui avait enlevé le fils de Messua était un tigre fantôme, dont le corps était habité par l'âme d'une vieille fripouille d'usurier, mort quelques années auparavant.

– Et c'est la vérité vraie, dit-il; la preuve, c'est que Purun Dass avait toujours gardé une boiterie du coup qu'il avait reçu dans une émeute où ses livres de compte avaient péri brûlés, et que le tigre dont je parle boite lui aussi, car les traces de ses pattes sont inégales.

– Exact, exact; ce doit être la vérité, approuvèrent les vétérans d'un même hochement de tête.

– Sornettes et contes à dormir debout, vos récits sont-ils jamais autre chose? dit Mowgli. Ce tigre boite parce qu'il est né boiteux, comme chacun sait. Et parler de l'âme d'un usurier dans une bête qui n'eut jamais le courage d'un chacal, c'est parler comme un enfant.

Pendant un moment, Buldeo resta interloqué de surprise, et le chef du village écarquilla les yeux.

– Oh, oh! C'est le moutard de la Jungle, pas vrai? dit Buldeo. Puisque te voilà si avisé, apporte donc sa peau à Khanhiwara, car le Gouvernement a mis sa tête à prix pour cent roupies. Mais le mieux, c'est de te taire quand tes aînés parlent.

Mowgli se leva pour partir.

– Toute la soirée, je suis resté là à vous écouter, jeta-t-il par-dessus son épaule, et à une ou deux exceptions près, Buldeo n'a pas dit un mot de vrai sur la Jungle, qui est pourtant à sa porte. Comment croire, alors, les histoires de fantômes, de dieux et de farfadets qu'il prétend avoir vus?

– Il est grand temps que ce garçon se mette à garder les troupeaux, dit le chef, tandis que Buldeo soufflait et s'étranglait de rage, devant l'impertinence de Mowgli.

Dans la plupart des villages de l'Inde, il est de tradition qu'un petit groupe de garçons emmène paître le bétail et les buffles de bonne heure le matin, et les ramène le soir; et ces mêmes bestiaux, qui piétineraient à mort un homme blanc, se laissent maltraiter, manipuler et malmener par des enfants qui leur arrivent à peine au museau. Tant qu'ils restent avec les troupeaux, les enfants sont en sûreté, car le tigre lui-même ne se risque pas à charger le bétail en nombre. Mais s'ils s'écartent pour cueillir des fleurs ou faire la chasse aux lézards, il leur arrive d'être enlevés. Au point du jour, Mowgli descendit la rue du village, assis sur le dos de Rama, le grand taureau du troupeau; et un à un, les buffles bleu ardoise, avec leurs longues cornes majestueusement recourbées et leurs yeux sauvages, se levèrent de leurs étables et le suivirent; et Mowgli établit très clairement sa domination sur les enfants du groupe. Il frappa les buffles avec un long bambou poli, et dit à Kamya, un des garçons, de faire paître le bétail, pendant que lui poursuivait avec les buffles, et de prendre bien garde à ne pas s'éloigner du troupeau.

Un pâturage indien est tout en rochers, broussailles, touffes et petits ravins, parmi lesquels les troupeaux se dispersent et se disséminent. Les buffles ont généralement un penchant pour les mares et les endroits vaseux, où ils se vautrent ou se chauffent dans la boue tiède, pendant des heures. Mowgli les conduisit jusqu'à la lisière de la plaine, où la Waingunga sort de la Jungle; puis, se laissant glisser sur le dos de Rama, il fila vers un bouquet de bambous où il trouva Frère Gris.

– Ah! dit Frère Gris, combien de jours suis-je venu attendre ici! Que signifie ce gardiennage de troupeaux?

– C'est un ordre, dit Mowgli. Me voici pour un temps pâtre de village. Quelles nouvelles de Shere Khan?

– Il est revenu dans les parages et t'a guetté longtemps par ici. A présent, il est reparti, car le gibier se fait rare. Mais il est déterminé à te tuer.

– Très bien, dit Mowgli. Tant qu'il sera au loin, viens donc t'asseoir sur ce rocher, toi ou l'un des quatre frères, de sorte que je puisse vour voir en sortant du village. Quand il reviendra, attends-moi dans le ravin près de l'arbre *dhâk* (4), au milieu de la plaine. Ce n'est pas la peine de courir dans la gueule de Shere Khan!

Ayant dit, Mowgli choisit un endroit ombragé, se coucha et dormit pendant que les buffles paissaient autour de lui. Il n'est rien de plus paresseux au monde que la garde des troupeaux en Inde. Le bétail se déplace et broute, se couche, se déplace à nouveau; il ne beugle même pas, tout au plus grogne-t-il. Les buffles, quant à eux, ne disent presque jamais rien; à la queue-leu-leu, ils pénètrent dans les mares boueuses, s'immergent dans la boue jusqu'à hauteur de leurs mufles et de leurs gros yeux bleu faïence et restent là, sans plus bouger que des souches. Le soleil fait miroiter les rochers dans la chaleur de l'air, et les jeunes pâtres entendent un vautour – jamais plus – siffler presque hors de vue, tout là-haut dans le ciel, et ils savent que s'ils mouraient, ou si une bête mourait, ce vautour descendrait en piqué d'une aile majestueuse, aussitôt imité par un vautour voisin, à des milles plus loin, et ainsi de proche en proche, si bien qu'avant même leur mort, une vingtaine de vautours affamés serait à pied d'œuvre, venus de nulle part.

Alternant veille et sommeil, ils tressent de petits paniers d'herbe sèche, qu'ils remplissent de sauterelles; attrapent deux mantes religieuses qu'ils mettent aux prises; font des colliers de noix de Jungle rouges et noires; observent un lézard qui se chauffe sur un rocher ou un serpent à l'affût d'une grenouille à la lisière des mares. Ils chantent aussi de longues, longues chansons terminées par d'étranges chevrotements indigènes, et la journée semble plus longue que la vie entière de la plupart des gens; et

pourquoi pas, avec la glaise ils façonnent un château, des figurines, hommes, chevaux et buffles,
piquent des roseaux dans la main des hommes et
jouent à être des rois, les figurines étant leurs
armées, ou des dieux que l'on vient adorer. Puis
vient le soir, les enfants lancent le cri de rassemble-
ment, les buffles s'arrachent de la boue gluante avec
des claquements semblables à des coups de feu en
rafales, et tous prennent la file à travers la plaine
grise en direction des lumières scintillantes du
village.

Jour après jour, Mowgli conduisait les buffles à
leurs marécages, jour après jour il voyait là-bas
dans la plaine, à un mille et demi, le dos de Frère
Gris (il savait ainsi que Shere Khan n'était pas de
retour), jour après jour, couché sur l'herbe, il écou-
tait les bruits alentour, rêvant aux jours anciens
dans la Jungle. Par ces longs matins silencieux,
Mowgli aurait entendu Shere Khan faire un faux
pas de sa patte boiteuse là-haut dans les jungles qui
bordent la Waingunga.

Un jour enfin, il ne vit pas Frère Gris à l'endroit
convenu; il rit et dirigea les buffles vers le ravin
proche de l'arbre *dhâk*, entièrement couvert de
fleurs rouge doré. Il y trouva Frère Gris, chaque
poil du dos hérissé.

– Il s'est caché un mois durant pour tromper ta
vigilance. Et la nuit dernière, il a traversé les
plaines, avec Tabaqui, à toute allure sur ta piste,
haleta le loup.

Mowgli fronça les sourcils.

– Je n'ai pas peur de Shere Khan, mais Tabaqui
est fertile en ruses.

– N'aie point de crainte, dit Frère Gris en se
léchant délicatement les babines. A présent, tout
son savoir, il en fait part aux vautours, mais il m'a
tout raconté, à moi, avant que je lui brise l'échine.
Le plan de Shere Khan, c'est de t'attendre ce soir à
la barrière du village – toi, et personne d'autre.

Pour l'heure, il se cache dans le grand ravin desséché de la Waingunga.

– A-t-il mangé aujourd'hui, ou chasse-t-il le ventre creux? fit Mowgli.

En effet, de la réponse dépendait sa vie ou sa mort.

– Il a tué à l'aube – un sanglier; il a bu aussi. Rappelle-toi, Shere Khan n'a jamais su rester à jeun, vengeance ou pas.

– Oh, le fou! Le fou! Quel enfant, quel triple enfant il fait! Mangé et bu de surcroît! Et il s'imagine que je vais attendre qu'il ait fini de dormir! Allons, où se cache-t-il? A dix, pas plus, nous pourrions avoir raison de lui pendant qu'il est couché. Faute de l'avoir senti, ces buffles ne chargeront pas, et j'ignore leur langage. Et si nous remontions sa piste, afin qu'ils puissent la flairer?

– Pour la brouiller, il a descendu la Waingunga à la nage sur une bonne longueur, dit Frère Gris.

– C'est sûrement là une idée de Tabaqui. Il n'y aurait jamais pensé tout seul. Un doigt dans la bouche, Mowgli réfléchit. Le grand ravin de la Waingunga. Il débouche sur la plaine à moins d'un demi-mille d'ici. Je peux, en faisant un détour à travers la Jungle, amener le troupeau à l'entrée du ravin, et de là, tout nettoyer – mais il déguerpirait par l'autre bout. Il nous faut boucher cette issue. Frère Gris, peux-tu me rendre le service de diviser le troupeau en deux?

– Pas tout seul, peut-être – mais j'ai avec moi un auxiliaire fort avisé.

Frère Gris s'éloigna au trot et disparut dans un trou. D'où surgit, peu après, une énorme tête grise que Mowgli connaissait bien, et l'air brûlant fut rempli du cri le plus désolé de toute la Jungle – le hurlement de chasse d'un loup en plein midi.

– Akela! Akela! dit Mowgli en battant des mains. J'aurais bien dû savoir que tu ne m'oublierais pas. Nous avons une grosse besogne en chantier. Diviser le troupeau en deux, Akela. Laisse les mères et les jeunes ensemble, et d'autre part, les mâles et les buffles de labour.

Comme à la farandole, les deux loups zigzaguèrent en courant dans le troupeau, qui s'ébroua, leva la tête et se sépara en deux masses. Dans l'une, les mères, regards furieux et piaffements, faisaient cercle autour de leurs jeunes, prêtes, pour peu qu'un des loups s'immobilisât, à le charger et à le piétiner à mort. Dans l'autre, les mâles et les taurillons s'ébrouaient et tapaient du pied; mais tout en ayant l'air plus impressionnants, ils étaient beaucoup moins dangereux, n'ayant pas de jeunes à défendre. Six hommes réunis n'auraient su effectuer un partage aussi parfait du troupeau.

– Tes ordres? haleta Akela. Ils tentent de se rejoindre.

Mowgli se hissa sur le dos de Rama.

– Pousse les mâles sur la gauche, Akela. Frère Gris, quand nous serons partis, maintiens la cohésion des mères et fais-les pénétrer dans la passe du ravin.

– Jusqu'où? s'enquit Frère Gris, haletant en claquant des mâchoires.

– Jusqu'à ce que les parois excèdent la hauteur d'un saut de Shere Khan, cria Mowgli. Maintiens-les là dans l'attente de notre mouvement de descente.

Les mâles s'éloignèrent aux aboiements d'Akela, et Frère Gris se campa devant les mères. Elles foncèrent sur lui, et les précédant d'une courte tête, il les mena ainsi à la course jusqu'à la passe du ravin, tandis qu'Akela entraînait les mâles loin sur la gauche.

– Beau travail! Encore un galop de charge, et ils seront fin prêts. Tout beau, à présent... tout beau, Akela. Un coup de dent de trop et c'est la charge. Huyah! C'est plus folle besogne que de rabattre des gnous. Imaginais-tu que ces lourdauds étaient capables d'une telle vitesse? lança Mowgli.

– Oui, j'en ai... chassé aussi dans mon temps, suffoqua Akela dans le nuage de poussière. Je les détourne dans la Jungle?

– Oui, détourne-les! Sois prompt à les détourner! Rama est fou de rage. Oh, si seulement je pouvais lui faire comprendre ce que j'attends de lui aujourd'hui!

Les mâles, rabattus cette fois sur la droite, foncèrent carrément dans le fourré. Les autres petits pâtres, gardiens du bétail à un demi-mille de là, observant la scène, se précipitèrent à toutes jambes vers le village, en criant que les buffles, saisis de folie, s'étaient enfuis.

Mais le plan de Mowgli était la simplicité même. Il voulait tout bonnement remonter en décrivant une grande boucle, atteindre l'entrée du ravin, amener les mâles à le descendre et coincer Shere Khan entre eux et la masse des mères. Il savait bien qu'après un repas et le plein de boisson, Shere Khan ne serait pas en état de combattre ni d'escalader les parois du ravin. A présent, de la voix il calmait les buffles, et Akela, resté loin en arrière, se contentait de pousser un petit cri par-ci par-là pour presser l'arrière-garde. Cela faisait une vaste, très vaste boucle, car ils voulaient éviter de côtoyer le ravin et, ce faisant, de donner l'éveil à Shere Khan. A la fin, Mowgli rassembla le troupeau désorienté à l'entrée du ravin, sur une pente herbeuse qui dévalait abruptement vers le fond du ravin. De cette dominante, le regard portait par-dessus la cime des arbres jusqu'en bas dans la plaine; mais tout l'intérêt de Mowgli se concentra sur les parois des ravins; à sa grande satisfaction, elles formaient un à-pic presque parfait; en outre, les grimpants et les lianes dont elles étaient tapissées n'offriraient aucune prise à un tigre qui en tenterait l'escalade.

– Laisse-les souffler, Akela, dit-il en levant la main. Ils ne l'ont pas encore senti. Laisse-les souffler. Le moment est venu d'avertir Shere Khan. Nous le tenons au piège.

Les mains en porte-voix, il lança un cri dont les échos se répercutèrent de rocher en rocher dans le ravin – presque comme dans un tunnel.

Au bout d'un long moment, parvint en réponse, traînant et ensommeillé, le rugissement du tigre repu qui s'éveille.

– Qui appelle? dit Shere Khan.

A grand renfort de battements d'ailes et de claironnements stridents, un magnifique paon s'éleva du ravin.

– C'est moi, Mowgli. Voleur de bétail, il est temps de te rendre au Rocher du Conseil! Vas-y, Akela. Pousse-les en bas! Descends, Rama, descends!

Le troupeau hésita un moment au bord de la pente, mais Akela lança à pleine gorge son hurlement de chasse, et les unes à la suite des autres les bêtes se ruèrent dans le vide, exactement comme des vapeurs dans un rapide, dans un éclaboussement de sable et de pierres. Cette masse une fois lancée échappait à tout contrôle; et avant même que le gros du troupeau fût bien engagé dans le lit du ravin, Rama sentit Shere Khan et se mit à mugir.

– Ah, ah! dit Mowgli, le chevauchant. A présent, tu sais!

Et le torrent de cornes noires, de mufles écumants, d'yeux exorbités déferla dans le ravin en tourbillonnant comme rochers en période d'inondation, les plus faibles rejetés à coups d'épaule vers les parois du ravin, où ils se catapultaient, empêtrés dans les lianes. Ils n'ignoraient plus rien de la besogne qui les attendait : la terrible charge du troupeau de buffles, à laquelle nul tigre ne peut prétendre résister. Au bruit du tonnerre de leurs sabots, Shere Khan se leva et se traîna vers le bas du ravin, cherchant de tous côtés un moyen de s'enfuir; mais devant ces murailles verticales, il ne lui restait plus que la fuite en avant, le ventre lourd de ses ripailles et prêt à tout sauf à livrer bataille. Soulevant de grandes gerbes, le troupeau traversa en trombe la mare qu'il venait de quitter, et l'étroit défilé résonna de ses mugissements. Mowgli entendit des mugissements répondre à l'autre bout du ravin, vit Shere Khan faire volte-face (le tigre savait qu'à toute extrémité il valait mieux somme toute affronter les mâles que les mères avec leurs jeunes); puis Rama broncha, trébuchant, continua sur sa lancée en piétinant quelque chose de mou, et talonné par les autres mâles, se jeta à grand fracas dans le second troupeau, cependant que les plus faibles étaient littéralement soulevés du sol par le choc de la rencontre. La charge entraîna les deux troupeaux dans la plaine, en un maelström de coups de corne, de piaffements et de renâclements. Mowgli guetta le bon moment pour glisser de l'encolure de Rama, et distribua des coups de bâton tout autour de lui.

– Vite, Akela! Disperse-les. Sépare-les, ou ils vont se battre. Chasse-les, Akela. *Hai*, Rama! *Hai, hai, hai!* mes enfants. Tout doux maintenant, tout doux! Tout est consommé.

Akela et Frère Gris se mirent à courir tous azimuts en mordillant les buffles aux jambes; le troupeau amorça encore une volte-face pour charger en remontant le ravin, mais Mowgli réussit à détourner Rama, bientôt suivi des autres vers les marécages.

Shere Khan avait son compte de piétinements. Il était mort, et déjà les vautours tournoyaient dans sa direction.

– Frères, il est mort comme un chien, dit Mowgli en cherchant de la main le couteau qu'il portait toujours dans une gaine autour du cou, depuis qu'il vivait avec les hommes. Mais il n'aurait jamais fait montre de combativité. Sa peau fera bien sur le Rocher du Conseil. Nous devons nous mettre à l'œuvre sur-le-champ.

Jamais il ne serait venu à l'idée d'un garçon élevé parmi les hommes d'écorcher seul un tigre de dix pieds; mais Mowgli connaissait mieux que personne l'anatomie d'une peau de bête, et la façon de la dépouiller. C'était toutefois une rude tâche, et, pendant une heure, ahanant sous l'effort, Mowgli s'employa à dépecer et à taillader, les loups à ses côtés, la langue pendante ou l'aidant à tirer selon ses directives.

Tout à coup, une main tomba sur son épaule; levant les yeux, Mowgli vit Buldeo avec son mousquet Tower. Les enfants avaient raconté au village la débandade des buffles, et Buldeo était sorti plein de rage, avec l'obsession de châtier Mowgli pour sa négligence vis-à-vis du troupeau. Les loups s'éclipsèrent dès qu'ils virent arriver l'homme.

– Quelle est cette folie? ragea Buldeo. Alors, comme ça, tu crois pouvoir écorcher un tigre! Où les buffles l'ont-ils tué? C'est le Tigre Boiteux, en plus, et il y a cent roupies pour sa tête. Bien, bien, nous fermerons les yeux sur ton incurie à l'égard du troupeau et je verrai peut-être à te donner une des roupies de la récompense quand j'aurai porté la peau à Khanhiwara.

Il fouilla dans son pagne, en tira un briquet et sa pierre, et se pencha pour brûler la pointe des moustaches du tigre. La plupart des chasseurs indigènes accomplissent ce geste pour empêcher le fantôme du tigre de les hanter.

– Hum! fit Mowgli à moitié dans sa barbe, tout en rabattant la peau d'une patte avant. Ainsi, tu iras porter la peau à Khanhiwara pour toucher la récompense, et tu me donneras peut-être une roupie? M'est avis, pourtant, que j'ai besoin de la peau pour mon usage personnel. Hé, vieil homme, retire cette flamme!

– Quelle est cette façon de parler au chef des chasseurs du village? Dans cette mise à mort, ta chance et la stupidité de tes buffles te sont venues en aide. Le tigre a le ventre plein : sans quoi, à cette heure, il aurait déjà parcouru vingt milles. Tu n'arrives même pas à l'écorcher correctement, pauvre petit morveux, et on voudrait m'interdire, à moi Buldeo, de brûler ses moustaches! Mowgli, tu n'auras pas un seul *anna* (5) de la récompense, mais attends-toi à une raclée mémorable. Laisse cette carcasse!

– Par le Taureau qui me racheta, dit Mowgli en s'escrimant sur l'épaule, dois-je rester tout l'après-midi à bêtifier avec un vieux singe? Viens, Akela, cet homme m'assomme.

Buldeo, encore penché au-dessus de la tête de Shere Khan, se retrouva affalé sur l'herbe, un loup gris sur les reins, tandis que Mowgli poursuivait son travail de peaussier comme s'il avait été seul dans toute l'Inde.

– Ou-i, dit-il entre ses dents. Tu as parfaitement raison, Buldeo. Tu ne me donneras jamais un seul *anna* de la récompense. Vieille, très vieille, est la querelle entre ce tigre boiteux et moi – et j'ai gagné.

Rendons à Buldeo cette justice que s'il avait rencontré Akela plus tôt dans les bois, il aurait accepté le risque d'un affrontement avec le loup. Mais un loup qui obéissait aux ordres de ce garçon qui avait lui-même des conflits personnels avec des tigres mangeurs d'hommes n'était pas un animal ordinaire. Aux yeux de Buldeo, c'était de la sorcellerie, de la magie de la pire espèce; et l'amulette qu'il portait autour du cou suffirait-elle à le protéger? Il restait là, immobile comme un mort, s'attendant, chaque minute, à voir Mowgli se changer en tigre, de surcroît.

– Maharajah! Grand Roi! murmura-t-il enfin d'une voix rauque.

– Oui, dit Mowgli sans tourner la tête, en étouffant un gloussement.

– Je suis un vieil homme. Comment pouvais-je

Buldeo restait là, immobile, s'attendant, chaque minute,
à voir Mowgli se changer en tigre, de surcroît.

savoir que tu n'étais pas un simple petit pâtre? Puis-je me lever et partir, ou bien ton serviteur va-t-il me mettre en pièces?

– Va et la paix soit avec toi. Seulement, une autre fois, évite de marcher sur mes brisées. Lâche-le, Akela.

Buldeo s'éloigna en toute hâte vers le village en clopinant, jetant un œil par-dessus son épaule, pour le cas où Mowgli aurait subi une terrible métamorphose. Arrivé à bon port, il débita une longue histoire de magie, d'enchantement, de sorcellerie, qui mit sur le visage du prêtre un air de grande préoccupation.

Mowgli continua sa besogne, mais quand vint le crépuscule, les loups et lui n'avaient pas encore fini de dépouiller la grande fourrure éclatante.

– Maintenant, il nous faut cacher ceci et rentrer les buffles! Aide-moi à les rassembler, Akela.

Le troupeau se reforma dans la brume crépusculaire; en vue du village, Mowgli aperçut des lumières et entendit souffler et carillonner les conques et les cloches. La moitié du village semblait l'attendre à la barrière. « C'est parce que j'ai tué Shere Khan », se dit-il. Mais une grêle de pierres siffla à ses oreilles, et les villageois se mirent à hurler : « Sorcier! Rejeton de loup! Démon de la Jungle! Va-t'en! Hors d'ici, et vite, ou le prêtre te rendra ta forme de loup! Tire, Buldeo, tire! »

Le vieux mousquet Tower partit avec une grande détonation, et un jeune buffle mugit de douleur.

– Sorcellerie encore! crièrent les villageois. Il peut faire dévier les balles. Buldeo, c'était justement ton buffle.

– Mais quoi encore? dit Mowgli, abasourdi, tandis que redoublait la pluie de pierres.

– Elle n'a rien à envier au Clan, la meute de tes frères, dit Akela en s'asseyant posément. M'est avis que, si les balles ont une signification, on a le désir de te chasser.

– Loup! Fils de Loup! Va-t'en! cria le prêtre en brandissant un rameau de la plante sacrée appelée *tulsi.*

– Cela recommence? L'autre fois, c'est parce que j'étais un homme. Cette fois-ci, c'est parce que je suis un loup. Allons-nous-en, Akela!

Une femme – c'était Messua – s'élança en larmes vers le troupeau :

– Oh, mon fils, mon fils! Ils disent que tu es un sorcier, capable de te changer en bête à volonté. Je n'en crois rien, mais va-t'en, ou ils vont te tuer. Buldeo dit que tu es un magicien, mais je sais, moi, que tu as vengé la mort de Nathoo.

– Reviens, Messua! hurla la foule. Reviens, ou nous te lapiderons!

Mowgli eut un vilain petit rictus avorté : une pierre venait de l'atteindre à la bouche.

– Repars vite, Messua. C'est une de ces fables insensées qu'ils racontent à la brune sous le gros arbre. Une chose est sûre, j'ai racheté la vie de ton fils. Adieu; et dépêche-toi, car je vais faire rentrer le troupeau plus vite qu'ils n'envoient leurs projectiles. Non, je ne suis pas magicien, Messua. Adieu!

– Allons-y, Akela, encore un effort, cria-t-il. Fais rentrer le troupeau.

Les buffles n'avaient qu'une hâte : regagner le village. Le hurlement d'Akela était presque superflu; ils franchirent en trombe la barrière au galop de charge, dispersant la foule de droite et de gauche.

– Comptez vos bêtes! lança Mowgli d'un ton méprisant. J'en ai peut-être volé une. Comptez-les bien, car c'en est fini de mes fonctions de bouvier! Adieu, enfants d'hommes, et remerciez Messua si je renonce à pénétrer dans votre rue avec mes loups et à vous pourchasser.

Il fit demi-tour et s'en fut en compagnie du Loup Solitaire; levant les yeux vers les étoiles, il se sentit heureux.

– J'en ai soupé, de dormir dans des trappes,

Akela. Prenons la peau de Shere Khan, et allons-nous-en. Non, pas de représailles sur le village, car Messua me fut secourable.

Quand la lune se leva, inondant la plaine de sa clarté laiteuse, les villageois, glacés d'horreur, virent s'éloigner Mowgli, avec deux loups sur les talons et un balluchon sur la tête, à ce trot soutenu des loups qui dévore les longs milles comme l'incendie. Alors, reprit de plus belle le concert des conques et des cloches du temple. Messua pleura; et Buldeo enjoliva le récit de ses aventures dans la Jungle au point d'affirmer que le loup Akela se tenait debout sur ses postérieurs et parlait comme un homme.

Quand la lune se leva sur la plaine, les villageois virent s'éloigner Mowgli, avec deux loups sur les talons.

La lune allait se coucher quand Mowgli et les deux loups arrivèrent au Rocher du Conseil; ils firent halte à la grotte de Mère Louve.

– Ils m'ont chassé du clan des Hommes, Mère, cria Mowgli. Mais j'ai tenu parole : je reviens avec la peau de Shere Khan.

Les pattes raides, Mère Louve sortit de la grotte, flanquée de ses petits, et ses yeux flamboyèrent quand elle vit la peau.

– Je lui avais dit, ce fameux jour où il fourra sa tête et sa carrure dans notre grotte, réclamant ta vie, Petite Grenouille – je lui avais dit que le chasseur serait un jour le chassé. Cela est bien fait.

– Petit Frère, oui, bien fait, dit une voix profonde surgie du fourré. Nous étions esseulés dans la Jungle, sans toi.

Et Bagheera vint en courant jusqu'aux pieds nus de Mowgli. Ils escaladèrent ensemble le Rocher du Conseil, Mowgli étendit la peau sur la pierre plate où Akela siégeait naguère, la fixa avec quatre échardes de bambou, et Akela se coucha dessus et lança le vieil appel au Conseil : « Regardez, regardez bien, ô Loups! » tout comme le jour où Mowgli avait été amené là pour la première fois.

Depuis la destitution d'Akela, le Clan, privé de chef, avait mené chasse et bataille à son gré. Mais par habitude il répondit à l'appel, comme un seul loup; d'aucuns boitaient pour être tombés dans des pièges, d'aucuns clopinaient, estropiés par un coup de feu, d'aucuns étaient galeux pour avoir avalé des nourritures immondes, et beaucoup manquaient. Mais les autres, tous les rescapés, se rendirent au Rocher du Conseil, où ils virent la fourrure rayée de Shere Khan étalée sur la pierre et les énormes griffes qui pendaient au bout des pattes vides et pendantes. C'est alors que Mowgli inventa une chanson dépourvue de rimes, une chanson qui monta dans sa gorge et s'exhala toute seule, et il la chanta à tue-tête en faisant des sauts de carpe sur la peau bruissante, frappant des talons à perdre haleine pour battre la mesure, tandis que Frère Gris et Akela ponctuaient chaque couplet de leurs hurlements.

– Regardez bien, ô Loups! Ai-je une parole? dit Mowgli quand il eut terminé.

– Oui, aboyèrent les loups.

Une loque de loup hurla :

– Reprends notre tête, ô Akela. Et toi de même, ô Petit d'Homme, car nous sommes las de cette anarchie, nous aspirons à redevenir le Peuple Libre.

– Nenni, ronronna Bagheera, cela ne se peut. Et si, repus, la folie allait vous reprendre? Ce nom de Peuple Libre ne vous est pas donné en vain. Vous avez lutté pour la liberté. Vous l'avez. Mangez-la, ô Loups.

– Rejeté par le Clan des Hommes, rejeté par le Clan des Loups, je chasserai seul désormais dans la Jungle, dit Mowgli.

– Nous chasserons avec toi, dirent les quatre louveteaux.

Ainsi s'en fut Mowgli; de ce jour, il chassa dans la Jungle avec les quatre jeunes. Mais il ne fut pas toujours seul; en effet, des années plus tard, il devint homme et se maria.

Mais c'est là une histoire pour grandes personnes.

LA CHANSON DE MOWGLI

Telle qu'il la chanta au Rocher du Conseil
Quand il dansa sur la peau de Shere Khan.

C'est la chanson de Mowgli. Moi, Mowgli, je chante.
Que la Jungle prête l'oreille à mes hauts faits.
Shere Khan avait dit qu'il mettrait à mort – oui, à
mort! – près des portes, au crépuscule; il mettrait
à mort Mowgli, la Grenouille!
Il mangea. Il but. Bois tout ton saoul, Shere Khan,
qui sait quand tu pourras boire encore? Dors et
rêve à cette mise à mort.
Je suis seul dans les pâturages. Frère Gris, viens à
moi! Viens à moi, Solitaire, il y a du gros gibier
dans l'air. Rassemblez les grands buffles mâles,
les mâles du troupeau à la peau bleue, aux yeux
furieux. Conduisez-les ici et là, selon mes
ordres.
Dors-tu toujours, Shere Khan? Réveille-toi, oh,
réveille-toi! Me voici, et les mâles à ma suite.
Rama, le Roi des Buffles, se mit à piaffer. Eaux de la
Waingunga, où s'en fut Shere Khan?
Est-il Ikki, pour creuser des trous, ou Mao, le Paon,
pour s'envoler? Est-il Mang, la Chauve-Souris,
pour se suspendre aux branches? Petits bambous
qui crissez à l'unisson, dites-moi où il a fui.

Ow! Il est là. *Ahoo!* Il est là. Sous les sabots de Rama, gît le Boiteux! Debout, Shere Khan! Debout, tue! Voici de la chair; romps le cou des taureaux!

Chut! Il dort. Nous ne le réveillerons pas, car très grande est sa force. Les vautours sont descendus pour la voir. Les fourmis noires sont montées pour la connaître. Une grande assemblée s'est réunie en l'honneur du tigre.

Alala! Je n'ai pas d'étoffe pour ceindre mes reins. Les vautours vont voir que je suis nu. J'ai honte devant tous ces gens.

Prête-moi ton pelage, Shere Khan. Prête-moi ta chatoyante robe rayée, que je puisse me rendre au Rocher du Conseil. Par le Taureau qui m'a racheté, j'ai fait une promesse – une petite promesse. Pour tenir parole, il ne me manque que ta robe.

Couteau en main – le couteau dont se servent les hommes –, le couteau du chasseur humain, je me baisserai pour prendre mon dû.

Eaux de la Waingunga, soyez témoins que Shere Khan me donne son pelage pour l'amour de moi. Tire, Frère Gris! Tire, Akela! Lourde est la peau de Shere Khan.

Le Clan des Hommes est courroucé. Ils lancent des pierres, et des paroles puériles. Ma bouche saigne. Filons.

Toute la nuit, toute la chaude nuit, accompagnez-moi dans ma course rapide, mes frères. Nous quitterons les lumières du village et irons vers la lune basse.

Eaux de la Waingunga, le Clan des Hommes m'a chassé. Je ne leur ai fait aucun mal, seulement ils avaient peur de moi. Pourquoi?

Clan des Loups, toi aussi tu m'as rejeté. La Jungle m'est fermée, les portes du village se sont fermées. Pourquoi? Telle Mang vole entre bêtes et

oiseaux, je vole entre le village et la Jungle.
Pourquoi?

Je danse sur la peau de Shere Khan, mais j'ai le
cœur très lourd. Les pierres du village ont fendu
et meurtri ma bouche; mais j'ai le cœur très léger,
parce que je suis retourné à la Jungle. Pourquoi?

Ces deux choses se combattent en moi comme
serpents au printemps.

L'eau sourd de mes yeux; pourtant, je ris en même
temps. Pourquoi? Je suis deux Mowglis, mais la
peau de Shere Khan est sous mes pieds. Toute la
Jungle sait que j'ai tué Shere Khan. Regardez –
regardez bien, ô Loups!

Ahae! Mon cœur est lourd des choses que je ne
comprends pas.

ENTRACTE

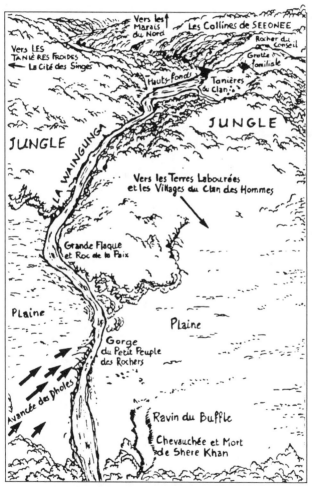

Le pays de Mowgli, vu par Chil, le vautour

AU PROGRAMME

LA VIE EST UN ROMAN

LE PREMIER LIVRE

Prologue

Un jour d'été 1864, en Angleterre, sur les rives du lac Rudyard : au cours d'un pique-nique, un jeune artiste peintre de vingt-sept ans — il est dessinateur céramiste pour les fameuses faïenceries Wedgwood du Staffordshire —, John Lockwood Kipling, rencontre une jeune fille de bonne famille, originaire d'Écosse, Alice MacDonald. Coup de foudre. Le mariage a lieu à Londres le 18 mars 1865 et, le jour même, les nouveaux époux s'embarquent pour l'Inde car John vient d'être nommé professeur d'architecture et de sculpture à l'école des Beaux-Arts de l'université de Bombay.

Rudyard Kipling. Portrait au crayon par William Strang.

Kipling caricaturé par Spy dans le magazine Vanity Fair, *1894.*

Chapitre I : Le paradis perdu

30 décembre 1865 à Bombay : naissance de Joseph Rudyard (curieux prénom, mais tendre souvenir pour ses parents !). C'est bien le hasard qui l'a fait « anglo-indien » — Anglais né en Inde —, mais toute sa vie sera à la mesure de la formule, de cette étrange alchimie mêlant les nobles valeurs de l'Empire britannique et les charmes fascinants d'une contrée mystérieuse, les brumes et la mousson, les cottages et la jungle. Toujours partagé entre le besoin d'« appartenir » et le désir de se « tenir à part », il ira de l'une à l'autre de ses patries en quête de reconnaissance et d'indépendance, hanté par la fusion originelle d'un paradis à jamais perdu.

Des impressions, des odeurs, des couleurs, plus que des souvenirs. Les six premières années de la vie de Rudyard appartiennent à la nostalgie du pays des rêves et de l'enfance, enfoui dans la mémoire primordiale des origines pour mieux resurgir dans la fiction des livres. Avant même de parler anglais, l'enfant apprend le dialecte hindoustani avec les domestiques. Il est le petit prince d'un empire minuscule peuplé de *boys*, les serviteurs indigènes dévoués, et de *sahibs*, les messieurs distingués de la colonie anglaise, sous l'autorité d'un père vigilant, tempérée par l'affection d'une mère discrète. Babillages tendres de la nourrice, l'*ayah* qui supporte tous les caprices. Bonheur simple des histoires enfantines, celles que racontera le premier recueil intitulé *Wee Willie Winkie* (1888). Les personnages des *nursery-rhymes* (petits poèmes de facture enfantine) anglais y côtoient les innombrables démons, esprits, héros et princes fabuleux de la grouillante mythologie indienne, pour le plus grand plaisir de Ruddy, alias Punch-baba, et de la petite sœur Alice, dite Trix ou Judy-baba.

De quoi alimenter l'imagination d'un futur écrivain qui fera de cette double tradition, anglaise et indienne, la matière primordiale de son univers littéraire. Il en gardera aussi le goût et le talent de raconter des fables aux enfants, comme ses délicieuses *Histoires comme ça* (1902), qu'il composera un jour pour distraire son propre fils. *Les Livres de la jungle* (1894-1895), avec leurs chansons « naïves » rythmant chaque épisode, participeront de ce travail d'anamnèse magique où Mowgli parcourt le même itinéraire initiatique et symbolique que son créateur. Un itinéraire que viendra parachever *Kim* (1901), souvent considéré comme son chef-d'œuvre.

Chapitre II : Le déchirement

Décembre 1871, en Angleterre, à Southsea près de Southampton : fidèles à la tradition coloniale, ses parents ont envoyé Rudyard dans la « mère patrie » pour y faire son éducation de gentleman. Avec sa sœur Alice, il est confié à l'austère famille d'un officier de marine à la retraite, le capitaine Holloway. Dans cette « maison de la Désolation », selon les termes mêmes qu'il emploiera dans son recueil de souvenirs autobiographiques, *Un peu de moi-même pour mes amis connus et inconnus* (demeuré inachevé et publié en 1937, après sa mort), il est tourmenté par la très religieuse et très sévère Mme Holloway, secondée par son fils. De quoi s'imaginer en héros de Charles Dickens, abandonné et maltraité, tel un nouvel Oliver Twist ou David Copperfield, dont il semble mélanger les aventures avec les siennes. Un tableau trop noirci pour être tout à fait authentique, mais l'enfant gâté de Bombay gardera de cette époque douloureuse une haine indéfectible pour ses « tortionnaires » et une myopie très marquée qui l'oblige à porter des lunettes aux verres épais, ce qui lui vaudra plus tard le surnom de *Gigger* (« Binoclard ») donné par ses camarades de classe.

En janvier 1878, Rudyard entre au « United Services College », fondé par un groupe d'officiers en retraite à Westward Ho, dans le nord du Devon. Amitiés viriles, brimades et jeux, qu'il transposera dans le récit des aventures de trois collégiens, *Stalky and Co* (1899). S'il n'est pas un élève brillant, il écrit beaucoup et devient rédacteur en chef du journal intérieur du collège pour lequel il rédige contes, poèmes et informations diverses. Au cours de l'été 1878, il découvre Paris avec son père, qui supervise la section d'art indien à l'Exposition universelle : « J'y contractai l'amour que je n'ai cessé de porter à la France », dira-t-il dans ses souvenirs (*op. cit.*).

Chapitre III : Le retour aux sources

20 septembre 1882 : Rudyard s'embarque pour Bombay. Dès son arrivée, en octobre, il part pour Lahore (au nord-ouest de l'Inde), où son père, devenu conservateur de musée, lui a obtenu un emploi de rédacteur au quotidien *The Civil and Military Gazette*, le journal le plus important du Pendjab ; pendant cinq ans, il y publiera des articles d'intérêt local et de nombreux contes parfois destinés à servir de bouche-trous, plus tard regroupés sous le titre de *Simples Contes des collines* (1888). Bonheur de retrouver la famille et de parcourir la terre natale. Malgré son jeune âge — dix-sept ans — et sa petite taille — 1,67 m —, il a déjà l'air d'un adulte déterminé, curieux de tout et de tous. En septembre 1887, il est muté à Allahabad au quotidien *The Pioneer* dont dépend la *Gazette* de Lahore. Au cours de ses reportages, il visite la vieille ville abandonnée d'Amber, dont il utilisera les étranges décors pour imaginer les « Tanières Froides » de la Cité des Singes dans *La Chasse de Kaa* (*Le Livre de la jungle*, p. 35).

Avec l'argent gagné grâce à la vente de ses *Contes* dans les gares des chemins de fer indiens, il décide de financer un grand voyage à destination de l'Angleterre en faisant le tour du monde par l'est, dont il racontera les étapes pour son journal. Le 9 mars 1889, Kipling s'embarque à Calcutta ; après quelques mois passés aux États-Unis, il s'installe à Londres en octobre 1889. Après la parution de son premier roman, *La Lumière qui s'éteint* (1891), il écrit *Naulahka* en collaboration avec Charles Wolcott Balestier, un éditeur américain avec qui il s'est lié d'une profonde amitié, puis repart en août 1891 dans un grand voyage en mer qui le conduit en Afrique du Sud, Nouvelle-Zélande, Australie, Ceylan, et enfin en Inde où il retrouve ses parents à Lahore. Mais en décembre il apprend la mort de son ami Balestier et interrompt son séjour pour rentrer à Londres : au moment de quitter Bombay, il retrouve son *ayah*, sa très vieille nourrice qui le bénit dans les larmes. Pressent-il qu'il ne reviendra jamais plus en Inde ?

Ainsi se referme « le premier livre » d'une vie désormais tout entière orientée vers la littérature et nourrie des valeurs qui ont fondé l'Empire britannique : ordre et discipline, courage et détermination, foi inébranlable en Dieu, dans l'homme et dans l'action [1].

Si tu peux rencontrer Triomphe après Défaite
Et recevoir ces deux menteurs d'un même front,
Si tu peux conserver ton courage et ta tête
Quand tous les autres les perdront,
Alors les Rois, les Dieux, la Chance et la Victoire
Seront à tout jamais tes esclaves soumis,
Et, ce qui vaut mieux que les Rois et la Gloire,
Tu seras un homme, mon fils.

(Dernière strophe du poème de Rudyard Kipling intitulé *If...* (*Si...*), traduit par André Maurois dans *Les Silences du colonel Bramble*, Grasset, 1917.)

---

1. La suite de la biographie de Rudyard Kipling est à lire sous le titre « Le Second Livre » dans l'« Entracte » du *Second Livre de la jungle* (même collection).

LA GENÈSE DU LIVRE

LE LIVRE DE LA GENÈSE

Le cycle des aventures de Mowgli constitue l'évidente unité des deux volumes du *Livre de la jungle* (trois récits sur sept dans le premier, cinq sur huit dans le second), dont seulement deux histoires ne se passent pas en Inde : *Le Phoque blanc* (vol. I) et *Quiquern* (vol. II) ont le Grand Nord pour décor ; sans doute est-ce l'écho du désert blanc qui entoure Kipling dans sa maison de Naulahka (voir p. IV dans l'« Entracte » du *Second Livre de la jungle*).

Le titre même inscrit manifestement l'ouvrage dans une double perspective : la *jungle*, c'est le cadre géographique spécifique à ce pays, l'Inde, auquel Kipling est si fortement attaché, mais aussi la quintessence absolue d'un milieu où règne la loi des grands fauves, au sens cette fois dérivé et métaphorique du terme. Quant au *Livre*, la connotation biblique est si puissante qu'elle imprègne littéralement l'ensemble des récits : le *Livre* est une *Bible* de la *jungle* au sens premier du mot.

En effet, dans sa structure littéraire comme dans son message spirituel, *Le Livre de la jungle* peut se lire comme un « roman des origines » : la saga d'un enfant trouvé poursuivant un traditionnel parcours initiatique (voir, ci-après, p. XIII) dans un milieu clos, demeuré en l'état originel, qui ne peut manquer de susciter la comparaison avec l'univers des origines, celui précisément des contes du commencement du monde (voir p. XVIII). Une transposition d'autant plus aisée à déduire que, par l'écriture même, le récit semble nourri d'un archaïsme biblique : noms de lieux aux consonances étranges et poétiques, formules et sentences répétées comme des incantations, chants et même versets (voir « le Verset de la Chasse » dans *La Chasse de Kaa*) entonnés par des « Peuples » plus ou moins fidèles aux « Tables de la Loi » (voir p. XII dans l'« Entracte » du *Second Livre de la jungle*). Tout concourt à déchiffrer le microcosme de la jungle comme une métaphore de la Création divine avant l'apparition de l'Homme. Quant à Mowgli, le Fils de l'Homme, il est appelé à jouer un rôle quasi messianique dans un monde qui a fini par négliger les valeurs primordiales de la Loi, tel un nouveau Moïse ramenant l'ordre chez les peuples oublieux.

Mais si *Le Livre de la jungle* se compose comme un récit de la Genèse, son auteur lui-même est peu loquace au sujet des circonstances qui l'ont conduit à sa propre création. Dans son recueil de souvenirs autobiographiques, *Un peu de moi-même pour mes amis connus et inconnus*, Rudyard Kipling évoque fort rapidement quelques sources littéraires à l'origine de son œuvre et, en particulier, à celle du personnage de Mowgli :

« Le hasard fit que j'avais écrit une histoire sur l'exploitation des forêts dans l'Inde, où il y avait un enfant élevé par des loups. Dans la vie suspendue et le calme de l'hiver 92, quelques souvenirs des lions maçonniques du magazine de mon enfance, et une phrase de *Nada le Lys*, par Rider Haggard, se combinèrent avec un écho de ce conte. L'idée générale une fois ébauchée dans ma tête, ma plume prit la direction des opérations ; je la regardai commencer les histoires de Mowgli et des animaux qui devinrent plus tard *Les Livres de la jungle* » (*Souvenirs, un peu de moi-même*, chap. V, in *Rudyard Kipling*, vol. III, coll. Bouquins, R. Laffont, 1989).

Mowgli avant Mowgli

Ce conte initial dont Kipling aurait tiré l'ébauche des aventures de Mowgli — c'est probablement à la même période, en novembre 1892, qu'il a rédigé *Les Frères de Mowgli* pour en faire l'ouverture du *Livre de la jungle*, quelques mois plus tard — est le neuvième des quatorze récits très divers regroupés sous le titre de *Many Inventions* (*Tours et détours*), un recueil publié à Londres en mai 1893. Inédit avant cette parution, il porte le titre de *In the Rukh* (*Dans le Rukh*), d'après un terme hindoustani qui signifie « arbre » et, ici, « réserve forestière ». Il est précédé d'un long poème qui constitue, plus encore que la nouvelle elle-même, l'amorce de la légende du plus célèbre héros de Kipling ; en voici un extrait :

Le fils unique se recoucha et rêva qu'il rêvait un rêve. [...]
« Voyons, suis-je bien né d'une femme ? Ai-je bien reposé sur
[*le sein d'une mère ?*
Car j'ai rêvé d'un pelage dru sur lequel je m'endormais. [...]
Car j'ai rêvé de longues dents blanches qui de tout mal me
[*préservaient.*
Oh, suis-je bien né d'une femme et ai-je joué seul enfant ?
Car j'ai rêvé de deux compagnons de jeu qui me mordaient à
[*belles dents. »*

(*Rudyard Kipling, Œuvres complètes*, vol. II, Bibliothèque de la Pléiade, Gallimard, 1992).

Le récit lui-même s'ouvre sur l'éloge de Gisborne, officier modèle au service des Bois et Forêts, en poste « dans le rukh », à la lisière de la jungle indienne, puis présente un homme mystérieux qui surgit un jour de la forêt :
« Un homme descendait le lit à sec du ruisseau, vêtu de son seul pagne, mais couronné d'une guirlande de volubilis à clochettes blanches. Sa démarche était silencieuse sur les galets, à tel point que Gisborne, habitué pourtant au pas léger des traqueurs, ne put réprimer un sursaut. [...]
— De quel village es-tu ? — Je ne suis pas d'un village, je viens de par là-bas. Il indiqua le nord d'un grand geste du bras. — Tu es bohémien alors ? — Non, *sahib*. Je n'ai pas de caste et pas de père non plus. — Comment t'appelle-t-on ? — Mowgli, *sahib*. » (*Ibidem*.)

Le nouveau venu qui aide Gisborne à tuer un tigre — « Je hais tous les tigres », a-t-il déclaré — fascine l'officier par son extraordinaire connaissance de la jungle : « Quel garçon fantastique ! Il ressemble aux illustrations du dictionnaire d'antiquités classiques. » *À la fille d'un domestique qu'il a entraînée avec lui dans la forêt, Mowgli confie son secret tandis que quatre énormes loups dansent devant eux :*

« ''Ce sont mes camarades de jeu et mes frères, enfants de la mère qui m'a allaité [...]. Les enfants du père qui se couchait à l'entrée de la caverne pour me protéger du froid quand j'étais un petit enfant tout nu ; regarde.'' Dressant sa gueule grise, un loup bava sur le genou de Mowgli. ''Mon frère sait que je parle d'eux. Oui, quand j'étais un tout petit enfant, c'était un louveteau qui se roulait avec moi dans la glaise.'' *Et il révèle alors :* ''J'ai été loup parmi les loups jusqu'au moment où ceux de la jungle m'ont prié de partir parce que j'étais un homme [...], mais ces quatre-ci m'ont suivi parce que j'étais leur frère. Ensuite j'ai été gardien de troupeaux chez les hommes, après avoir appris leur langue.'' » (*Ibidem*.)

Engagé comme garde forestier, Mowgli épouse la jeune fille ; un an plus tard, Gisborne découvrira un charmant spectacle : « À l'ombre d'un buisson d'épines se vautrait un bébé brun tout nu, et du fourré immédiatement derrière émergeait la tête d'un loup gris. »

• La filiation du héros des *Livres de la jungle* avec ce premier Mowgli est évidente ; l'un comme l'autre sont très inspirés des nombreux récits sur les enfants-loups qui circulaient régulièrement dans les gazettes indiennes. Nombreuses, en effet, sont les histoires de nourrissons élevés par des animaux pour alimenter les chroniques, depuis les mythes les plus anciens (voir, ci-après, p. XVI) jusqu'aux relations authentiques de cas d'enfants sauvages (voir le dossier consacré à ce sujet, pp. XX-XXIII dans l'« Entracte » du *Second Livre de la jungle*).

Si les témoignages directs font souvent défaut dans ce domaine, celui du révérend J.A.L. Singh ne laisse subsister aucun doute ; le 9 octobre 1920, au cours d'une mission dans le district de Midnapore, il découvre deux petites filles qu'il décrit ainsi, alors qu'elles surgissent d'une tanière précédées par une meute de loups :

« Juste derrière les jeunes loups venait la créature — un être hideux — dont le corps, les mains et les pieds étaient apparemment humains, mais la tête était une grosse boule d'une masse couvrant les épaules et le haut du buste, ne dégageant qu'un net contour du visage, lequel était humain. Une créature affreuse lui emboîtait le pas, exactement pareille à la première, mais plus petite. Leurs yeux étaient brillants et perçants, à la différence des yeux humains. J'en arrivai tout de suite à la conclusion qu'il s'agissait d'êtres humains. » (Texte cité dans *La Peur du loup*, « Histoires naturelles », Découvertes Gallimard, 1991.)

Recueillies par le révérend qui tient le journal de leur histoire, les deux fillettes, probablement âgées de deux et huit ans, survivront quelques années parmi les hommes.

Souvenirs de lectures

Quant aux références de lectures dont Kipling fait mention dans ses souvenirs pour être venues « se combiner » du fond de sa mémoire avec sa création, la première renvoie à sa très jeune enfance lorsqu'il avait découvert le plaisir des livres pour se consoler de son triste sort dans la « maison de la Désolation » (voir p. IV) :

« Je ne sais comment, je tombai sur l'histoire d'un chasseur de lions en Afrique du Sud, égaré parmi des lions qui étaient tous francs-maçons, avec lesquels il se ligua contre quelques méchants babouins. Cela aussi, je pense, a dû sommeiller en moi jusqu'au moment où *Les Livres de la jungle* commencèrent à naître. » (*Un peu de moi-même pour mes amis connus et inconnus*, chap. I, *op. cit.*)

D'après Robert Hampson, l'éditeur anglais des souvenirs de Kipling chez Penguin Books (*Something of Myself*, Penguin Classics, 1987), cette histoire s'appellerait *King Lion* (*Le Roi Lion*), parue d'abord en feuilleton anonyme dans le *Boy's own Magazine* en 1864, puis éditée en 1891 avec le nom de James Greenwood comme auteur. Devenu lui-même franc-maçon en avril 1886, alors qu'il était en Inde, dans la loge « Espoir et Persévérance » — un choix de termes éminemment symbolique pour lui ! —, Kipling a sans doute naturellement associé cette vision d'une espèce animale régie par les lois maçonniques à sa propre création de la Loi dans une jungle organisée en société secrète par bien des aspects.

Enfin, pour ce qui est de l'influence de Rider Haggard, elle paraît tout aussi naturelle dans la genèse de cette création, puisque cet écrivain était un grand ami de Kipling. Anglais né en Afrique du Sud, secrétaire du gouvernement du Natal de 1875 à 1880, auteur de deux cycles romanesques à succès, celui d'*Allan Quatermain* (*Les Mines du roi Salomon*) et celui de *She*, Sir Henry Rider Haggard lui avait fait découvrir son pays et les deux amis écrivirent même ensemble quelques textes :

complicité de deux « coloniaux » aussi fiers de leur terre natale que de l'Empire britannique ! Quant à *Nada le Lys*, c'est un roman d'aventures qui se passe dans une Afrique australe de fantaisie et dont le héros zoulou, Umslopogaas, chasse en compagnie d'une bande de loups (bien qu'il n'y ait pas de loups dans cette partie du monde !) ; publié en mai 1892, il avait d'abord paru en feuilleton dans le journal *Illustrated London News*.

Dans ce rappel des éléments qui ont contribué à la création des *Livres de la jungle*, il serait injuste de ne pas mentionner le rôle fondamental joué par le propre père de l'auteur, même si Kipling ne l'évoque que de manière très implicite : « Il y eut deux contes, je m'en souviens, que je mis au panier ; et je fus plus content du reste. Chose plus importante, mon père eut bonne opinion de mon travail » (*ibidem*). On sait combien Kipling doit ses dispositions précoces à la tendre vigilance paternelle (voir p. IV) ; artiste peintre, féru d'art et de traditions indiennes, John Lockwood Kipling avait lui-même rédigé un ouvrage descriptif, *Beast and Man in India* (*Hommes et bêtes en Inde*), paru en 1892, dont bien des traits semblent avoir inspiré l'œuvre de son fils qui lui vouait une affectueuse admiration. Considéré par Rudyard comme une autorité tutélaire permanente, il illustra l'édition originale du premier *Livre de la jungle* (Londres, 1894) avec deux autres peintres animaliers, et entièrement seul celle du *Second Livre* (1895).

« Une fois lancé, il ne semblait pas y avoir de raison spéciale de m'arrêter », confie encore Kipling, sûr que ce qu'il appelle son « Démon » à la mode socratique guide sa plume. Il ne reste plus au Créateur qu'à peupler sa Création !...

La louve du Capitole, *bronze étrusque (vers 500 avant J.-C.) ; les jumeaux ont été ajoutés au XVIᵉ siècle.*

LA SAGA DE L'ENFANT TROUVÉ

« Voyons, y eut-il jamais une louve qui pût se glorifier de compter un petit d'homme parmi ses enfants ? — Une telle chose s'est déjà produite, à ce que j'ai entendu dire, à diverses reprises, mais pas dans notre clan ni de mon vivant, dit Père Loup » (*Les Frères de Mowgli*).

Mowgli a donc d'illustres prédécesseurs ; sans doute avez-vous déjà trouvé les plus célèbres, évoqués dans ces quelques lignes :

« La louve continuait à venir tous les jours [...]. Elle leur donnait son lait et eux la reconnaissaient, se réjouissaient en la voyant arriver et s'ébattaient avec elle comme deux jeunes louveteaux [1]. »

Vous cherchez encore ? Les indices suivants vous permettront de les reconnaître, mais saurez-vous aussi redonner leur nom aux personnages et aux lieux cités dans cette histoire [1] ?

1. Leur lointain ancêtre a survécu à la destruction de Troie : c'est ......, fils de la déesse .... Leur grand-père maternel, le roi ......, a été chassé du trône de la ville d'...... par son frère, ..., qui a décidé de supprimer tout héritier éventuel. Leur mère, ..., est alors condamnée à la chasteté par son oncle qui en fait une vestale. Mais le dieu ...... réussit à la rencontrer : la légende raconte qu'il est leur père.

1. Références du texte et solution en dernière page de l'« Entracte ».

2. À leur naissance, ils sont abandonnés sur le ...... par un serviteur sur l'ordre de leur grand-oncle, mais le courant entraîne leur berceau vers la rive. Une louve les allaite, puis le gardien des troupeaux du roi, ..., les recueille et les ramène à sa femme, ... Élevés comme de simples bergers, ils se font cependant remarquer par leurs qualités physiques et morales.

3. Devenus adultes, ils tuent leur grand-oncle et remettent leur grand-père sur le trône, puis décident de fonder une nouvelle ville à l'endroit où le fleuve les avait déposés. Mais au cours d'une violente dispute, l'un des deux frères supprime l'autre ; il devient le premier roi de la ville qui portera le nom de ...... et sera la maîtresse du monde antique.

Bien sûr, vous avez reconnu les fameux jumeaux ...... et ....

Les épisodes de cette légende mettent particulièrement en évidence un schéma, aussi bien narratif que symbolique et psychanalytique (Sigmund Freud en tirera le fameux « roman familial »). Développé par de très nombreux mythes, certains fort anciens, d'autres plus récents, il utilise ces éléments récurrents, regroupés aujourd'hui sous le terme de « mythèmes », que l'on pourrait ainsi résumer [1] :

1. Chronique d'une naissance annoncée

Le héros (parfois des jumeaux, comme Romulus et Rémus) est fils de parents éminents, royaux et/ou divins, mais sa naissance est précédée de circonstances très défavorables : soit la soif du pouvoir (ici celle de l'oncle usurpateur), soit la peur de le perdre (le roi craint d'être détrôné), renforcées par l'annonce d'un danger fatal pour la famille (le plus souvent la mort du père/roi), révélé sous la forme d'un funeste présage (rêve, oracle), qui ont pour conséquence de condamner l'enfant à la disparition.

---

1. Sur ce sujet, on trouvera une étude passionnante dans *Le Mythe de la naissance du héros* (1913), d'Otto Rank, disciple de Sigmund Freud (dernière édition française, Payot, 1983).

2. L'exposition du héros - l'animal nourricier - l'adoption

À l'instigation de la personne qui se sent menacée par cette naissance (père ou autre membre de la famille), le nouveau-né doit être supprimé par un serviteur qui — remords ou lâcheté ? — préfère l'exposer dans un lieu désert (forêt, montagne) ; parfois, il est abandonné par sa mère elle-même. Souvent, il est déposé dans un substitut de berceau (panier, coffre) au fil de l'eau (fleuve, mer). Mais le hasard (destin ?) veille à ce qu'il soit sauvé : momentanément nourri par un animal sauvage, il est recueilli par une famille de basse condition (en général des bergers) qui l'élève comme son propre fils.

3. L'accomplissement du destin

Devenu grand, le héros finit par retrouver ses origines et sa famille naturelle, d'ordinaire grâce à un objet ou un signe de reconnaissance. Il regagne alors sa place et obtient la gloire en réalisant précisément l'acte redouté avant sa naissance ; il tire ainsi vengeance de l'instigateur de son abandon.

Parmi les très nombreux héros qui illustrent ce schéma, vous reconnaîtrez, entre autres, ces nouveau-nés anonymes que leurs familles d'adoption ont baptisés « Pieds enflés » et « Sauvé des eaux ». Le premier est le fils du roi de Thèbes : abandonné sur une montagne, les chevilles attachées, ce qui lui a valu son surnom d'Œdipe, il finira par accomplir l'oracle, tuer son père et épouser sa mère. Le second est déposé dans son berceau d'osier sur les eaux du Nil et recueilli par la fille du pharaon qui le nomme Moïse : il conduira son peuple vers la Terre promise. Ainsi chacun revient toujours vers les siens. C'est aussi l'itinéraire de celui que sa mère nourricière a baptisé « Grenouille » : Mowgli, le fils de l'Homme exposé dans la jungle hostile, a échappé aux griffes de Shere Khan ; il grandit avec les loups, mais les quittera pour rejoindre son village et se venger du tigre.

DRÔLES DE NOURRICES

Dans le parcours mythique du héros, l'animal joue donc un rôle prépondérant : véritable substitut de la mère biologique, il prend soin de l'enfant exposé et lui sert de nourrice. Pour Otto Rank (*op. cit.*), il manifeste la trace d'une filiation originelle à l'animal-totem, très courante chez les peuples dits primitifs (voir p. XVIII, « Au commencement était le loup »).

Au croisement primordial de la « nature » et de la « culture », entre l'instinct sauvage et l'organisation humaine, le héros abandonné est momentanément « fils de la bête ». *Romulus et Mowgli ont chacun leur louve, mais saurez-vous reconnaître trois autres enfants célèbres eux aussi allaités par une « mère » hors du commun ? Chaque histoire a été découpée en trois épisodes selon le schéma présenté dans les pages précédentes, mais les morceaux en ont été mélangés : à vous de les remettre dans le bon ordre (un chiffre romain + un chiffre arabe + une lettre) et de nommer les trois personnages qui appartiennent à la mythologie grecque* [1].

A
Devenu adulte, il prend la peau de sa nourrice pour s'en faire une armure invincible : l'égide. Décidé à s'emparer du pouvoir de son père, il lui fait recracher les cinq enfants qu'il avait avalés en lui faisant boire un vomitif et finit par le chasser au bout de dix ans de lutte acharnée. Il devient alors le Maître de l'Univers.

II
Son père est Priam, roi de Troie. Au moment d'accoucher, sa mère, Hécube, rêve qu'elle met au monde une torche enflammée qui détruit la ville tout entière. Comme tous voient là un sinistre présage, Priam remet aussitôt le nouveau-né à son serviteur Agélaos et le charge de le faire disparaître.

I
Son père est Héraclès, le fameux auteur des 12 travaux. Sa mère, Augé, prêtresse de la déesse Athéna, a été condamnée à la chasteté par son père Aléos, roi d'Arcadie, parce qu'un oracle l'a averti qu'elle aurait un enfant qui tuerait les fils du roi pour régner à leur place. Mais, violée par Héraclès, Augé accouche en secret.

2
Le nouveau-né déposé dans la g[rotte] de l'Ida, en Crète il est né, et confié sa mère aux Nymp[hes] et aux Curètes, [?] tes de démons b[?] faisants qui frapp[ent] sur leurs bouc[?] pour couvrir ses c[?] Il est allaité par chèvre Amalthée. jour où il joue a[vec] sa nourrice, il ca[?] une corne à l'anim[al] il en fait alors merveilleuse Co[rne] d'Abondance.

1. Vous pourrez lire les principales légendes de la mythologie grecque dans *Contes et légendes mythologiques* d'Émile Genest, collection « Mythologies », Pocket Junior, 1994.

B

Au cours de jeux donnés par Priam, il se fait remarquer en gagnant toutes les épreuves et sa sœur, Cassandre, le reconnaît. Le roi accepte avec joie le retour de ce fils prodigue. Pourtant, en provoquant la guerre de Troie par l'enlèvement d'Hélène, il se révélera bien être la cause de la destruction de sa ville.

1

Le serviteur expose le nouveau-né sur une montagne proche de la ville, l'Ida. Pendant cinq jours, une ourse vient le nourrir. Étonné de le retrouver vivant, Agélaos le recueille, lui donne un nom et l'élève. Devenu un beau et solide jeune homme, « le fils de l'ourse » est surnommé « protecteur des hommes » parce qu'il défend ses amis bergers contre les brigands.

3

Après avoir exposé le nouveau-né sur le mont Parthénion en Arcadie, la jeune femme s'enfuit en Mysie où le roi Teuthras la reçoit comme sa fille. L'enfant abandonné est allaité par une biche. Recueilli par des bergers, il est apporté au roi Corythos qui lui donne un nom et l'élève comme son fils. Devenu un beau jeune homme, « le fils de la biche » cherche à retrouver sa mère.

III

Son père est le Titan Cronos qui règne sur l'Univers. Chaque fois qu'il a un rejeton, il le dévore, car un oracle l'a averti qu'un de ses enfants le détrônerait. Mais sa mère, la Titanide Rhéa, décide de sauver le sixième : elle accouche d'un enfant en cachette et donne à Cronos une pierre enveloppée de langes qu'il avale sans hésiter.

C

Arrivé en Mysie, il délivre Teuthras de ses ennemis et obtient en récompense la main d'Augé. Mais il ne sera pas un deuxième Œdipe : alors qu'Augé brandit une épée pour tuer l'inconnu qui veut la prendre par force, elle invoque la protection d'Héraclès et le fils du héros reconnaît alors sa mère. Il deviendra roi de Mysie.

Solution à la dernière page de l'« Entracte ».

La liste des dieux et héros sauvés par un animal est bien longue, et pas seulement dans la mythologie gréco-romaine ; c'est ainsi qu'on peut y trouver Siegfried, le valeureux héros des contes germaniques, qu'une biche allaite avec ses propres petits pendant un an, mais aussi la légendaire Sémiramis ! En effet, Diodore de Sicile, historien grec du Iᵉʳ siècle avant J.-C., raconte au livre II de sa *Bibliothèque historique* comment une déesse syrienne dotée d'une tête de femme sur un corps de poisson s'était éprise d'un beau jeune homme ; elle en avait eu une fille, mais, prise de honte, elle l'avait abandonnée et avait fait mourir le père. Exposée dans un lieu sauvage, l'enfant fut miraculeusement nourrie par des colombes avec du lait et du fromage dérobés aux bergers du voisinage. Intrigués, ceux-ci finirent par la découvrir et l'apportèrent à leur chef qui l'éleva et lui donna le nom de Sémiramis, « qui vient des colombes », en langue syrienne. Sa beauté, son esprit et son courage vaudront à Sémiramis de devenir la femme du roi Ninos et la reine de Babylone après sa mort (fin du Ixᵉ siècle av. J.-C.).

AU COMMENCEMENT
ÉTAIT LE LOUP

Dans l'espace du mythe
et des croyances primordiales,
au temps des origines où les forces
de l'imaginaire ordonnent l'univers de l'homme, le loup occupe
une place largement reconnue par toutes les civilisations. Il est
l'un des animaux le plus fréquemment choisis pour jouer le rôle
de totem, selon les caractéristiques définies par Sigmund Freud
au chapitre IV, « Le retour infantile du totémisme », de *Totem
et tabou* (1912) :

« Qu'est-ce qu'un totem ? D'une façon générale, c'est un
animal, comestible, inoffensif, ou dangereux et redouté, plus
rarement une plante ou une force naturelle (pluie, eau), qui se
trouve dans un rapport particulier avec l'ensemble du groupe.
Le totem est, en premier lieu, l'ancêtre du groupe ; en deuxième
lieu, son esprit protecteur et son bienfaiteur qui envoie des
oracles et, alors même qu'il est dangereux pour d'autres, connaît
et épargne ses enfants. [...] Le totem se transmet héréditaire-
ment, aussi bien en ligne paternelle que maternelle. »

Cette fonction primordiale est particulièrement illustrée par
la fameuse louve chère à Romulus et sa représentation en bronze
dite « du Capitole » (voir p. XIII), devenue emblème totémique
de l'État romain pour manifester le « rôle culturel bienfaisant
qu'incarne encore directement l'animal maternel dans le mythe
du héros », selon l'expression d'Otto Rank (*op. cit.*, p. 116).

En Grèce, le loup est associé au culte d'Apollon qui porte
parfois l'étrange épithète de « Lykègénès », ce qui pourrait aussi
bien signifier « Fils de la Louve » que « Né de la lumière »
(*Lykè* = soit *lupa*, soit *lux* en latin) : c'est ainsi que le désigne
Homère dans *L'Iliade* (chant IV, vers 101 et 119). Certains
y voient la trace d'une légende qui placerait la naissance du
dieu solaire sous le signe d'un thème mythique récurrent, la
métamorphose animale : Léto, enceinte de Zeus, doit fuir
la jalousie d'Héra, son épouse légitime ; elle est alors transformée en louve par le maître des dieux, jusqu'à ce qu'elle par-
vienne à accoucher dans l'île de Délos. Pour la colonie crétoise
de Xanthos, elle aurait été accompagnée dans son errance par
une bande de loups qui auraient baigné ses enfants dans le fleuve

après leur naissance. Quelle que soit la tradition, les jumeaux divins n'en portent pas moins la marque du « Loup » : « Lykéios » pour Apollon (traduit par « Lycien »), « Lykéia » pour Artémis. Il est vrai que l'une est la déesse de la chasse, donc la maîtresse de tous les animaux, et que l'autre protège les troupeaux : à ce titre, il est le « Destructeur des Loups » à qui les bergers sacrifient des louveteaux pour s'attirer sa bienveillance.

Mais un récit étiologique rapporté par Pausanias dans sa *Description de la Grèce* (livre II, chap. XVI) montre bien qu'Apollon peut aussi utiliser le féroce animal pour manifester sa volonté divine.

Tandis qu'il parcourt le Péloponnèse au IIe siècle après J.-C., Pausanias décrit en effet le célèbre temple d'Argos consacré à « Apollon au Loup », aujourd'hui détruit, et rapporte l'histoire de sa fondation : Danaos et Gélanor se disputaient le trône de la ville ; alors que les Argiens devaient indiquer leur choix, un loup se jeta sur un troupeau de bœufs qui paissaient près des remparts et tua le puissant taureau qui menait les bêtes. Le peuple en conclut aussitôt qu'Apollon avait guidé le loup pour porter sa préférence sur Danaos, car celui-ci vivait en solitaire comme l'animal indompté. Devenu roi, Danaos s'empressa d'élever un temple au « Maître du Loup ». Bien d'autres villes grecques, dont Athènes (voir « Loup y es-tu ? », p. XXII), s'enorgueillissaient également d'avoir dressé des sanctuaires à Apollon « Lycien ».

Entre l'obscurité, dont il partage la robe et le mystère, et la lumière, que reflètent ses yeux perçants qui voient la nuit, le loup devient donc tantôt symbole lunaire, tantôt puissance solaire, l'ancêtre mythique par excellence des héros guerriers. Ainsi la dynastie mongole fait remonter ses nobles origines à Bortä-Tchino, le Loup bleu, incarnation de la puissance céleste, qui s'unit à la Biche fauve, représentant la Terre, selon le schéma traditionnel de la fusion cosmogonique primordiale ; aussi lorsque le fameux Gengis Khan meurt en 1227, son entourage annonce-t-il qu'il est parti rejoindre le Loup bleu. Quant à Mustapha Kémal (1881-1938), fédérateur moderne de la Turquie qui s'est lui-même proclamé Atatürk, « Père des Turcs », il reçoit de ses partisans le surnom de Loup gris.

En Chine, le Grand Loup céleste garde le palais du Seigneur d'En Haut, qui réside dans la Grande Ourse. Ce loup, dont les yeux verticaux luisent dans le ciel nocturne, est matérialisé par l'étoile Sirius. Il a pour mission d'attraper les hommes dans sa gueule et de les précipiter dans un gouffre profond.

Chez les Égyptiens, c'est aussi un dieu à tête de loup, Oupouaout, qui, installé à l'avant de la barque solaire, guide les défunts vers le mystérieux au-delà où doit renaître la lumière ; les Grecs nommèrent son sanctuaire principal Lycopolis, la « Ville du Loup ».

Cette fonction de « psychopompe » (conducteur des âmes) réapparaît dans de nombreuses légendes européennes, comme l'atteste ce chant funèbre roumain :

« Paraîtra encore / Le loup devant toi... / Prends-le pour ton frère / Car le loup connaît / L'ordre des forêts... / Il te conduira / Par la route plane / Vers un fils de Roi / Vers le paradis » (in *Trésor de la poésie universelle*, Roger Caillois et Jean-Clarence Lambert, Paris, Gallimard-Unesco, 1986).

C'est encore au loup que s'identifient les peuples de la prairie nord-américaine : « Je suis le loup solitaire, je rôde en maints pays », dit un chant de guerre indien accompagné de danses rituelles où les plus braves portent le masque du loup.

De fait, pour de nombreuses tribus d'Amérique du Nord, en particulier chez les Hurons-Iroquois et les Algonquins (Canada), les mythes de création du monde offrent une place de choix au loup et par là d'étonnantes similitudes avec la légende romaine des jumeaux fondateurs (voir pp. XIII-XIV) : tombée du ciel où elle vivait heureuse, Ataentsic, la « Vieille Femme », accouche d'une fille qui, bien que vierge, ne tarde pas à donner naissance à son tour à des jumeaux ; tantôt ceux-ci se disputent déjà dans le ventre de leur mère, tantôt ils conversent aimablement. Par la suite, le premier, Manabozho, aime tant son frère Loup que lorsque ce dernier se noie accidentellement, il reste inconsolable ; toutefois, une autre version de la légende raconte qu'il finit par le tuer.

Parmi le groupe ethnique des Pawnees (Oklahoma, Texas), les Skidi se sont eux-mêmes désignés par le terme de « Loups », tandis que pour les Sticks, la tribu indienne du Yukon (nord-ouest du Canada, Alaska) que Jack London met en scène dans sa nouvelle intitulée *Le Fils du loup* (1900), ce sont les hommes blancs qui sont ainsi dénommés : « Homme blanc, dit le chef Thling Tinneh, tu es connu comme ''Le Loup'' ou ''Le Fils du Loup''. La race qui t'a vu naître est une race puissante et nous sommes fiers de t'avoir pour hôte... »

Dans le microcosme de la jungle, métaphore naturelle de la Création tout entière, la tribu des loups, telle que Rudyard Kipling la décrit, partage ces extraordinaires pouvoirs hérités de la « fluidité des origines » qui constitue le temps du mythe selon Mircea Eliade : tout y est possible, l'homme peut (re)devenir l'animal, l'animal parle comme l'homme. Par son caractère aussi antique qu'universel, le schéma légendaire restitue le témoignage du « temps d'avant », celui de l'enfance de l'humanité où l'homme vivait en symbiose avec la nature, et, par là même, il introduit l'incurable nostalgie d'un paradis que l'homme a définitivement perdu en entrant dans le temps de l'Histoire, celui de l'âge adulte. La fiction littéraire peut alors illustrer le mythe : Mowgli, fils de l'Homme nourri par la Louve, s'inscrit ainsi dans le Livre des Origines (voir p. VII) ; il incarne parfaitement la naïveté primitive de l'enfance telle que la définit encore Sigmund Freud (*op. cit.*) :

« L'attitude de l'enfant à l'égard des animaux présente de nombreuses analogies avec celle du primitif. L'enfant n'éprouve encore rien de cet orgueil propre à l'adulte civilisé qui trace une ligne de démarcation nette entre lui et tous les autres représentants du règne animal. Il considère sans hésitation l'animal comme son égal ; par l'aveu franc et sincère de ses besoins, il se sent plus proche de l'animal que de l'homme adulte qu'il trouve sans doute plus énigmatique. »

LOUP Y ES-TU ?

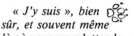 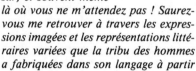

« J'y suis », bien sûr, et souvent même là où vous ne m'attendez pas ! Saurez-vous me retrouver à travers les expressions imagées et les représentations littéraires variées que la tribu des hommes a fabriquées dans son langage à partir de mon nom ? Chaque marque de ma patte imprimée dans le texte suivant cache un ou plusieurs mots : à vous de deviner lesquels. Si vous avez perdu ma trace, reportez-vous à la dernière page de l'« Entracte » : j'y serai, enfin démasqué...

Me voici donc : *wolf* pour mon ami anglais Rudyard, *loup* en français, je me suis d'abord appelé *leu* (ou *lou*) jusqu'au XIIIᵉ siècle, et plus loin encore dans le temps, *lupus* en latin, λύκος (*lycos*) en grec. Je suis ainsi à l'origine de bien des termes au sens propre comme au sens figuré :

Même si je porte ce fameux demi-masque de velours noir qu'on appelle un 🐾¹, je suis sûr que vous n'allez 🐾² aucune occasion de me reconnaître (eh oui ! ce verbe, d'usage certes familier, tire bien son étymologie de mon nom : il signifie « faire un loup », c'est-à-dire gâcher un ouvrage par un défaut de fabrication, à l'image d'une lésion faite par la morsure d'un loup !).

Commençons par l'heureux temps de votre enfance : votre maman vous a peut-être tendrement murmuré « mon p'tit loup » ou encore mon 🐾³ (diminutif de loup). Puis vous êtes devenu un fier 🐾⁴ (jeune scout de moins de douze ans) et vous êtes allé au 🐾⁵ (établissement public d'enseignement, qui conserve le nom de l'école où enseigna le philosophe grec Aristote, dans le portique d'Athènes consacré à Apollon Lycéios, « Apollon au Loup », voir p. XIX).

Ni 🐾⁶ de banlieue (terme familier construit sur la répétition de loup) ni 🐾⁷ (encore un banliusard marginal !), vous avez peut-être rêvé de devenir un 🐾 [8] (débutant ambitieux) de la politique, en attendant de finir vieux 🐾 [9] (marin très expérimenté), loin des dangereux 🐾 [10] (repaires de prostituées, autrement dit les « louves » en latin). Mais les nuits de pleine lune, vous redoutez parfois d'être atteint de 🐾 [11] (métamorphose de l'homme en loup, soit « homme + loup » en grec) : seriez-vous donc un 🐾 [12] ?

De nombreuses formules et locutions utilisent aussi mon nom de « loup » par référence à mon caractère ou à mon comportement (du moins comme l'homme se l'imagine) ; les retrouverez-vous selon les situations ?

- C'est l'hiver et vous êtes affamé : de quoi éprouver un 🐾 [13] et une 🐾 [14].
- Vous êtes très connu, comme le 🐾 [15] (facilement repérable parmi ses congénères !).
- Si vous introduisez le 🐾 [16] (là où il peut le mieux exercer ses ravages), les jeunes filles risquent de 🐾 [17] (perdre leur innocence).
- N'allez pas vous 🐾 [18] (vous précipiter dans un danger sans réfléchir), mieux vaut 🐾 [19] (faire comme ceux avec qui l'on se trouve).
- Quand la nuit commence à tomber, c'est-à-dire entre 🐾 [20] (parce qu'il serait difficile de les distinguer), il est conseillé d'avancer de manière très silencieuse, en marchant 🐾 [21], les uns derrière les autres, à 🐾 [22] (comme une horde de loups qui se déplacent en formant une seule trace, le nez de l'un sur la queue de l'autre).

Voici encore quelques dictons populaires pour témoigner de ma présence dans la vie des hommes (vous devez retrouver un proverbe complet) :

- Le besoin pousse les gens malhonnêtes à se montrer : 🐾 [23].
- Les méchants ne se nuisent pas entre eux : 🐾 [24].
- Quand on parle d'une personne, elle survient toujours à ce moment-là : 🐾 [25].
- L'homme est impitoyable envers sa propre espèce : 🐾 [26].

À leur tour, les écrivains de tout poil — pardon ! de tout genre — se sont servis de moi pour transmettre leur message : du divertissement cocasse à la sobre leçon de morale en passant par le goût du frisson, j'en ai perdu ma légendaire discrétion, mais j'y ai gagné la parole...

Au début, il y eut les légendes ; comme vous l'avez lu, celle de la louve romaine assura ma gloire pour longtemps. Mais les contes de fées et les fables ne tardèrent pas à ternir cette illustre renommée. Bien sûr, vous connaissez le lamentable épisode du « Petit Chaperon rouge », mais savez-vous quels sont les auteurs qui en ont successivement rédigé le récit ? La première version — celle qui finit mal pour la fillette que je dévore sans la moindre hésitation — a été écrite à la fin du XVIIe siècle par 🐾 [27] ; la seconde — celle qui finit mal pour moi, éventré par un chasseur ! — a été retranscrite par 🐾 [28] au début du XIXe siècle.

Quant à la fable, vous ne manquerez pas de reconnaître l'inévitable Monsieur de La Fontaine ; mais ici encore, il n'a fait que reprendre une tradition largement répandue depuis l'Antiquité par un auteur grec 🐾 [29], lui-même imité par un auteur latin 🐾 [30]. Seize de ses *Fables* me mettent en scène aux côtés d'autres animaux ; voici les deux premiers vers de deux d'entre elles, à vous de retrouver leur titre :

> *Un loup n'avait que les os et la peau,*
> *Tant les chiens faisaient bonne garde.*
> 🐾 [31]

> *La raison du plus fort est toujours la meilleure,*
> *Nous l'allons montrer tout à l'heure.*
> 🐾 [32]

Il faut dire que, dès la fin du XIIe siècle, un fameux *Roman* avait déjà laissé de moi une image bien peu flatteuse : ridicule et vaniteux, je m'appelle 🐾[33] et je suis sans cesse berné par mon « cousin » le 🐾[34], dit 🐾[35].

Heureusement, huit siècles plus tard, deux charmantes petites filles viendront me redonner ma dignité bafouée. « Tremblantes, les petites se prirent par le cou, mêlant leurs cheveux blonds et leurs chuchotements. Le loup dut convenir qu'il n'avait rien vu d'aussi joli depuis le temps qu'il courait par bois et par plaines. Il en fut tout attendri.
''Mais qu'est-ce que j'ai ? pensait-il, voilà que je flageole sur mes pattes.'' À force d'y réfléchir, il comprit qu'il était devenu bon, tout à coup. Si bon et si doux qu'il ne pourrait plus jamais manger d'enfants. »

Avez-vous reconnu leur nom, 🐾[36] et 🐾[37] ? Quel est le nom de leur « père » en littérature et le titre complet de l'œuvre dont elles sont les héroïnes ? 🐾[38], 🐾[39].

C'est encore à un enfant que je dois un succès inattendu dans le domaine de la musique : un petit garçon courageux, prénommé 🐾[40], parti à ma poursuite dans le froid de l'hiver russe. Pensez que cela me vaut de donner ma voix à un instrument à vent, le 🐾[41], dans ce merveilleux conte symphonique composé par 🐾[42].

Voilà de quoi me réconcilier avec le genre humain pour poursuivre une belle carrière cinématographique.

Bien sûr, vous connaissez *Croc-Blanc* de Jack London et son adaptation au cinéma : ma gueule y est très photogénique, mais savez-vous que, dans une autre aventure à l'écran, ce sont mes pattes exceptionnellement blanches qui m'ont valu un affectueux surnom, celui de 🐾[43], donné par John Dunbar, le héros d'un film interprété et réalisé par Kevin Costner ? Il me doit bien ça, puisque c'est mon amitié qui lui a gagné le sien auprès des Indiens : il s'appelle désormais 🐾[44].

Dans ma gratitude, je n'oublierai certainement pas le génial auteur américain de dessins animés (non ! pas Walt Disney) qui m'a donné enfin ma revanche sur cette peste de Petit Chaperon rouge : [45].

Savez-vous qu'il m'a ainsi consacré seize *cartoons* entre 1942 et 1955 ? Voyez comme, avec lui, j'ai trouvé une nouvelle élégance. La belle vie, en somme !... Mais peut-être finirai-je en vieux loup solitaire et stoïcien, tel le pathétique Akela qui protège Mowgli, pour redevenir muet à mes derniers instants, comme un certain poète du XIXᵉ siècle a eu l'occasion de m'immortaliser :

> *Gémir, pleurer, prier, est également lâche.*
> *Fais énergiquement ta longue et lourde tâche.*
> *Dans la voie où le sort a voulu t'appeler,*
> *Puis, après, comme moi, souffre et meurs sans parler.*

Qui est-il donc [46] ? et quel est le titre de son poème [47] ?

Je ne voudrais pas vous quitter sans vous rassurer : je serai toujours là pour hanter vos rêves, et, quelquefois, vos cauchemars !... Il vous suffira de plonger votre regard dans le mien, comme le fait un petit Africain devenu l'ami d'un de mes congénères tristement enfermé dans un zoo :

« Un œil jaune, tout rond, avec, bien au centre, une pupille noire. Un œil qui ne cligne jamais. C'est tout à fait comme si le garçon regardait une bougie allumée dans la nuit ; il ne voit plus que cet œil : les arbres, le zoo, l'enclos, tout a disparu. Il ne reste qu'une seule chose : *l'œil du loup*. Et l'œil devient de plus en plus gros, de plus en plus rond, comme une lune rousse dans un ciel vide, avec, en son milieu, une pupille de plus en plus noire, et des petites taches de couleurs différentes qui apparaissent dans le jaune brun de l'iris, ici une tache bleue (bleue comme l'eau gelée sous le ciel), là un éclair d'or, brillant comme une paillette. »

(*L'Œil du loup*, Daniel Pennac, coll. « C'est ça la vie ! », Pocket Junior, 1994.)

Loup y es-tu ? *Me voici*

1 - loup. 2 - louper. 3 - loupiot. 4 - louveteau. 5 - lycée. 6 - loulou. 7 - loubard. 8 - jeune loup. 9 - loup de mer. 10 - lupanars. 11 - lycanthropie. 12 - loup-garou. 13 - froid de loup. 14 - faim de loup. 15 - loup blanc. 16 - loup dans la bergerie. 17 - voir le loup. 18 - jeter dans la gueule du loup. 19 - hurler avec les loups. 20 - chien et loup. 21 - à pas de loup. 22 - la queue leu leu (altération de « à la queue le (= du) leu »). 23 - La faim fait sortir le loup du bois. 24 - Les loups ne se mangent pas entre eux. 25 - Quand on parle du loup, on en voit la queue. 26 - L'homme est un loup pour l'homme (*Homo homini lupus*, sentence d'origine latine, tirée d'une réplique de l'*Asinaria*, la *Comédie des ânes*, II, 4, de Plaute, vers 254-184 av. J.-C.). 27 - Charles Perrault (*Contes de ma mère l'Oye*, publiés en 1697). 28 - les frères Jacob et Wilhelm Grimm (*Contes d'enfants et du foyer*, 1812). 29 - Ésope (viie-vi^e siècle av. J.-C.). 30 - Phèdre (i^{er} siècle après J.-C.). 31 - « Le loup et le chien ». 32 - « Le loup et l'agneau » (*Fables*, 1668-1694). 33 - Ysengrin. 34 - goupil. 35 - Renart (Renard), devenu nom commun grâce au *Roman de Renart* (à lire : la version moderne de Maurice Genevoix, *Le Roman de Renard*, paru en Pocket, « Lire et Voir les Classiques »). 36 - Delphine. 37 - Marinette. 38 - Marcel Aymé (1902-1967). 39 - Les *Contes bleus du chat perché*. 40 - Pierre. 41 - cor. 42 - Serge Prokofiev (*Pierre et le loup*, 1936). 43 - « Chaussettes » (*Two Socks*). 44 - *Danse avec les Loups* (film tourné en 1990). 45 - Tex Avery (à signaler tout particulièrement un très excitant Petit Chaperon Rouge dans *Red Hot Riding Hood* et une nouvelle version des « Trois Petits Cochons » dans *Blitz Wolf* où le loup n'est autre que Adolf Wolf/Hitler !). 46 - Alfred de Vigny (1797-1863). 47 - *La Mort du Loup*.

La saga de l'enfant trouvé

In *Contes et légendes de la naissance de Rome*, p. 41 (collection « Mythologies », Pocket Junior, 1994).

1. Énée ; Vénus ; Numitor ; Albe ; Amulius ; Réa Silvia ; Mars.
2. Tibre ; Faustulus ; Acca Larentia.
3. Rome ; Romulus et Rémus.

Drôles de Nourrices

I - 3 - C = Téléphe, du grec *élaphos* qui désigne la biche.
II - 1 - B = Pâris, surnommé « Alexandros », « qui protège les hommes » en grec.
III - 2 - A = Zeus, Jupiter (= « le Père de la Lumière ») chez les Romains.

LE PHOQUE BLANC

Calme-toi, mon petit, la nuit est derrière nous,
Et noires sont les eaux qui scintillaient si vertes
Par-dessus les rouleaux, la lune nous détecte
Au repos dans les creux tout bruissants de frou-frous.
Où flot contre flot se meut, là soit ton oreiller moelleux;
Ah, mon tout petit nageoteur, épuisé, pelotonne-toi à ton gré,
Nulle tempête ne te réveillera, nul requin ne te surprendra,
Endormi dans les bras des flots au bercement douillet.

(Berceuse phoque.)

A présent, je vais relater des choses vieilles de
plusieurs années, survenues en un lieu appelé
Novastoshnah, ou Pointe Nord-Est, sur l'Ile de
St-Paul (6) là-bas, tout là-bas dans la Mer de
Behring. C'est Limmershin, le Roitelet d'Hiver, qui
m'a raconté l'histoire quand une rafale de vent le
plaqua dans le gréement d'un vapeur en route pour
le Japon. Je l'avais alors recueilli, emmené dans ma
cabine, réchauffé, nourri deux jours durant, jusqu'à

ce qu'il fût en état de reprendre son vol vers St-Paul. Limmershin est vraiment un drôle de petit oiseau, mais qui sait dire la vérité.

Personne ne vient à Novastoshnah, excepté pour affaires; et la fréquentation régulière des parages n'est assurée que par les phoques. Par centaines et centaines de milliers, surgissant de la froide mer grise, ils y abordent pendant les mois d'été; car pour les phoques, il n'est point de lieu au monde plus hospitalier que Novastoshnah Beach. Sea Catch le savait qui, chaque printemps, où que se situât son aire de départ, tel un torpilleur, fonçait à la nage droit sur Novastoshnah, où il passait un mois à se bagarrer avec ses camarades pour un bon emplacement sur les rochers, aussi près que possible de la mer. A quinze ans, Sea Catch était un énorme phoque gris paré d'une véritable crinière sur les épaules, et pourvu de redoutables canines. Quand il se soulevait sur ses nageoires avant, il dominait le sol de plus de quatre pieds, et son poids, mais qui eût osé le peser? devait approcher les sept cents livres. Il était couvert de cicatrices de ses furieuses batailles, mais toujours prêt à une bataille de plus, la dernière. Il penchait sa tête de côté, comme s'il craignait de regarder son ennemi en face; puis il se catapultait, avec la vitesse de l'éclair, et une fois les solides crocs plantés dans le cou de l'adversaire, libre à lui de s'en tirer s'il le pouvait, mais Sea Catch n'y mettait pas du sien.

Sea Catch, toutefois, n'attaquait jamais un phoque déjà terrassé, fidèle en cela aux Lois du Rivage. Tout ce qu'il voulait, c'est une aire près de la mer pour sa progéniture. Mais comme, chaque printemps, ils se retrouvaient quarante ou cinquante mille, lancés dans la même quête, la grève abritait une terrifiante cacophonie de sifflements, meuglements, rugissements et halètements.

D'une petite colline – Hutchinson's Hill –, on découvrait une étendue de trois milles et demi couverte de phoques en plein combat; et les grandes déferlantes étaient toutes piquetées d'une infinité de têtes; autant de phoques se hâtant vers la terre ferme pour y prendre leur part de bataille. Ils se battaient sur les roches de basalte, polies par l'usure, qui abritaient les nurseries; tout aussi stupides et peu accommodants que des hommes. Leurs épouses n'abordaient jamais sur l'île avant la fin de mai ou le début de juin, peu soucieuses d'être mises en pièces. Et les jeunes, les deux, trois et quatre ans, encore exempts de la vie de ménage, traversaient les rangs de combattants pour s'avancer d'environ un demi-mille à l'intérieur des terres et là, par troupeaux, par légions, ils se livraient sur les dunes aux jeux de leur âge, effaçant jusqu'à la moindre trace de verdure. On les appelait les holluschickie – les célibataires – et on en dénombrait peut-être deux ou trois cent mille pour la seule Novastoshnah.

Sea Catch sortait à peine de son quarante-cinquième combat, un printemps, quand Matkah, sa lisse et luisante épouse au doux regard, surgit de la mer. La saisissant par la peau du cou, il la déposa sans ménagement sur sa réserve, disant d'un ton bourru :

– En retard, comme d'habitude. Où es-tu donc allée ?

Sea Catch n'avait pas coutume de s'alimenter pendant les quatre mois de son séjour sur les grèves; aussi son humeur s'en ressentait-elle. Trop avisée pour répondre sur le même ton, Matkah regarda autour d'elle et roucoula :

– Quelle délicate attention! Tu as repris notre bon vieil emplacement!

– Plutôt, oui, dit Sea Catch. Regarde-moi!

Il avait une vingtaine de plaies ouvertes, un œil quasi crevé et les flancs en lambeaux.

– Ah, ces hommes, ces hommes! dit Matkah en s'éventant avec sa nageoire postérieure. Ne pouvez-vous donc être raisonnables et convenir de vos emplacements dans le calme? Tu as l'air de sortir d'un combat avec l'Epaulard.

– Depuis le milieu de mai, j'ai passé ma vie à me battre. La grève est horriblement surpeuplée, cette année. Je suis tombé sur une bonne centaine de phoques de Lukannon Beach, en quête d'un logis. Pourquoi donc les gens ne restent-ils pas chez eux?

– J'ai souvent pensé que si nous renoncions à ce rivage encombré pour aborder à Otter Island. (l'île de la Loutre), notre vie en serait transformée.

– Bah! Otter Island, c'est bon pour les Holluschickie. Si nous nous y rendions, on dirait que c'est par peur. Il y a des apparences à garder, ma chère.

Sea Catch enfonça fièrement la tête entre ses épaules bien enrobées, fit mine de s'endormir quelques minutes; en réalité, il restait sur le qui-vive, prêt à toute bataille. Maintenant que tous les phoques et leurs femelles avaient touché la terre ferme, on entendait leur clameur à des milles au large, au-dessus des plus fracassantes tempêtes. Il y avait, au bas mot, plus d'un million de phoques sur le rivage – vieux phoques, mères phoques, tout petits bébés phoques et holluschickie, tout cela se battait, se bagarrait, beuglait, rampait, jouait pêle-mêle; ils descendaient à la mer, en revenaient, par bandes et régiments, occupaient chaque pouce du terrain aussi loin que le regard pouvait porter, et s'engageaient par brigades dans des escarmouches à travers le brouillard. C'est presque toujours le royaume du brouillard, à Novastoshnah, sauf quand paraît le soleil, qui répand sur toutes choses, l'espace d'un instant, des scintillements de perle et des chatoiements d'arc-en-ciel.

Kotick, le bébé de Matkah, naquit au milieu de cette confusion; il était tout en tête et en épaules, avec de pâles yeux bleu délavé, comme il sied aux tout petits phoques; mais sa robe avait une particularité qui incita la mère à examiner son rejeton de plus près.

– Sea Catch, dit-elle enfin, notre bébé va être blanc!

– Coquilles vides et goémon sec! ronchonna Sea Catch. Vit-on jamais pareille chose au monde, un phoque blanc?

– Je n'y peux rien, dit Matkah. Il va y en avoir un désormais. Et elle fredonna à mi-voix la chanson que toutes les mères phoques chantent à leurs petits :

« Avant d'avoir six semaines, ne nage pas,
Ou ta tête par tes talons sera coulée;
Grands vents d'été et Epaulards, ne sont pas
Salutaires aux phoques bébés.
Pas salutaires du tout, mon cher petit ratou,
Mauvais plus qu'on ne pense;
Mais à barboter et à devenir fort,
Là, tu n'auras jamais tort,
Enfant de la Mer Immense! »

Le petit bonhomme ne comprenait pas d'emblée les paroles, cela va de soi. Il barbotait et gigotait à côté de sa mère, apprenait à décaniller quand son père se battait avec un autre phoque et que les deux roulaient et glissaient sans fin sur les rochers polis, avec force beuglements. Matkah allait au large en quête de pitance et le petit n'était nourri qu'une fois tous les deux jours; mais alors il mangeait comme quatre, et florissait à vue d'œil.

Son premier acte fut de crapahuter vers l'intérieur, où il rencontra par dizaines de milliers des bébés de son âge; ils jouèrent ensemble comme des chiots, s'endormant sur le sable propre et reprenant les jeux. Les vieux dans les nurseries ne leur prêtaient par la moindre attention, les holluschickie ne quittaient par leur propre territoire : aussi les bébés s'amusaient-ils comme des fous.

Quand elle rentrait de sa pêche hauturière, Matkah allait droit à leur aire de récréation; elle appelait, comme une brebis appelle son agneau, et attendait le bêlement en retour de Kotick. Elle filait alors en parfaite droite ligne dans sa direction, culbutant sur son passage les jeunes phoques cul par-dessus tête, les nageoires avant distribuant force volées de coups. Il y avait toujours quelques centaines de mères à la recherche de leur progéniture à travers l'aire de jeux, ce qui maintenait les bébés sur le qui-vive. Mais, comme Matkah disait à

Kotick. « Du moment que tu ne te vautres pas dans l'eau boueuse pour y attraper la gale, que tu n'incrustes pas par frottement de grain de sable dans une coupure ou une égratignure, et du moment que tu t'abstiens toujours de nager par grosse mer, aucun mal ne peut t'arriver ici.

Pas plus que les petits enfants, les petits phoques ne savent nager d'instinct, mais de cet apprentissage dépend leur bonheur. La première fois que

Kotick descendit à la mer, une vague l'emporta, lui fit perdre pied, l'envoya cul par-dessus tête, ses petites nageoires arrière firent des moulinets dans l'air exactement comme dans la chanson de sa mère, et si la vague suivante ne l'avait pas rejeté sur le rivage, il aurait péri noyé.

Après cela, bien calé dans une flaque de la grève, il s'exerça à laisser le flux des vagues déferler doucement sur lui en le recouvrant et le soulevant tandis qu'il pagayait; mais il restait constamment à l'affût des grosses vagues meurtrières. Il mit deux semaines à maîtriser l'usage de ses nageoires et tout ce temps, ce fut un laborieux va-et-vient incessant de la mer au rivage, accompagné de toux et de grognements, de remontées sur la grève à plat ventre, de petits sommes sur le sable, de nouvelles plongées, jusqu'à ce qu'enfin il se sentît vraiment faire corps avec son élément.

Dès lors, les parties de plaisir avec ses compagnons, imaginez un peu! Les plongeons sous les lames, les chevauchées sur la crête d'un brisant et les échouages, dans un clapotis et un crépitement d'eau, tandis que le gros rouleau frangé d'écume s'élançait très haut à l'assaut de la plage, les pantomimes où, dressé tout droit sur sa queue, on se gratte la tête, à la manière des vieilles gens, les parties de « Je suis le Roi du Château » sur les roches glissantes, couvertes de varech, qui affleuraient au reflux. Par moments, à la vue d'un mince aileron, semblable à l'aileron d'un gros requin, nonchalamment à la dérive près de la côte, il se savait en présence de l'Epaulard, l'Orque, qui mange les jeunes phoques qu'il parvient à capturer : Kotick fonçait alors vers la grève telle une flèche et l'aileron s'éloignait, d'un lent louvoiement, comme s'il ne cherchait rien du tout.

Vers la fin d'octobre, les phoques commencèrent à quitter St-Paul pour la haute mer, par familles et par tribus; on cessa de se battre autour des nurseries; les holluschickie jouaient où bon leur semblait.

– L'année prochaine, dit Matkah à Kotick, tu seras un holluschick; mais cette année, tu dois t'initier à l'art de prendre du poisson.

Les voilà partis tous deux pour la traversée du Pacifique : Matkah montra à Kotick comment dormir sur le dos, les nageoires bien rentrées le long des flancs et le petit nez juste hors de l'eau. Il n'est pas de berceau plus confortable que la grande houle berceuse du Pacifique. Soudain, Kotick sentit des picotements sur toute la peau, et Matkah lui révéla qu'il expérimentait le « toucher de l'eau », que ces fourmillements et sensations cuisantes annonçaient du gros temps et qu'il fallait alors souquer ferme et fuir devant la tempête.

– Tu ne tarderas pas à savoir vers où nager, dit-elle, mais pour l'heure nous allons suivre Sea Pig, le Marsouin, car il est très avisé.

Un banc de marsouins plongeait et fendait les flots; le petit Kotick fit de son mieux pour les suivre.

– Comment savez-vous la direction à prendre? haleta-t-il.

Le chef de la bande roula son œil blanc et fit un plongeon.

– J'ai des fourmis dans la queue, petit, dit-il, signe de grain derrière moi. Viens donc! Quand on est au sud de l'Eau Moite (il voulait dire l'Equateur) et que la queue vous démange, c'est signe de grain devant soi et l'on doit donc mettre le cap vers le Nord. Viens donc! L'eau est inhospitalière, par ici.

Ceci est un exemple de la foule de choses qu'apprit Kotick, qui ne cessait d'emmagasiner de nouvelles connaissances. Matkah lui enseigna à suivre la morue et le flétan le long des bancs sous-marins; à arracher de son trou parmi les algues le familier des rochers; à longer les épaves gisant par cent brasses de fond, entrer par un hublot et sortir par l'autre, lancé comme une balle de fusil, à la poursuite des poissons; à danser sur la crête des vagues tandis que les éclairs sillonnent le ciel d'un bord à l'autre; à saluer poliment de la nageoire l'Albatros à la queue tronquée ou le Faucon Cuirassé qui chutent à la faveur des courants descendants; à jaillir trois ou quatre pieds hors de l'eau, comme un dauphin, nageoires collées au flanc et queue recourbée; à laisser en paix les poissons volants, véritables sacs d'arêtes; à enlever d'un coup sec l'épaule d'une morue, à toute vitesse, par dix brasses de fond; et à ne jamais s'arrêter pour regarder embarcation ou navire, mais surtout barque à rames. Au bout de six mois, Kotick n'ignorait plus rien de la pêche hauturière, sinon quelques vaines broutilles, et pas une fois, de tout ce temps, il ne mit nageoire à terre.

Un jour, cependant, comme il flottait à moitié endormi dans l'eau tiède, quelque part au large de l'Ile Juan-Fernandez (8), il se sentit pris de faiblesse et de paresse, tout comme les humains quand le printemps leur coupe les jambes, et tout lui revint à la mémoire, le bon sable ferme de Novastoshnah, à sept mille milles de là, les jeux de ses compagnons, l'odeur des algues, le mugissement des phoques et leurs batailles. A la minute même, il mit le cap au Nord, nageant à une allure soutenue, et chemin faisant, il rencontra ses semblables par douzaines, se dirigeant tous vers le même lieu.

– Salut, Kotick! lancèrent-ils. Cette année, nous sommes tous holluschickie; nous allons pouvoir danser la Danse du Feu dans les brisants au large de Lukannon et nous ébattre dans l'herbe fraîche. Mais d'où te vient cette robe.

Le pelage de Kotick était à présent d'un blanc presque pur, et bien qu'il en fût très fier, il se contenta de dire :

– Nagez vite! Jusqu'à la moelle des os, je meurs d'envie de revoir la terre.

Et les voilà tous partis vers les rivages de leur

naissance, où ils entendirent les vieux phoques, leurs pères, combattre dans les rouleaux de la brume.

Cette nuit-là, Kotick dansa la Danse du Feu avec les jeunes phoques de l'année. Par les nuits d'été, la mer est pleine de feu, depuis Novastoshnah jusqu'à Lukannon, et chaque phoque laisse derrière lui un sillage comme une traînée d'huile embrasée, et à chaque bond, un brusque flamboiement et les vagues se brisent en grands tourbillons et volutes phosphorescents. Puis ils remontèrent vers l'intérieur jusqu'aux réserves des holluschickie et firent en tous sens des roulades dans les folles herbes nouvelles et se racontèrent leurs prouesses pendant leur errance en haute mer. Ils évoquaient le Pacifique, comme des garçons le feraient d'un bois où ils avaient cueilli des noisettes, et pour peu qu'on les eût compris, on aurait pu, de retour chez soi, dresser de cet océan une carte fabuleuse. Les holluschickie de trois et quatre ans déboulèrent de Hutchinson's Hill aux cris de :

– Écartez-vous, marmaille! Profonde est la mer, et vous ne savez pas encore tout ce qu'elle recèle. Attendez d'avoir doublé le Cap. Eh, toi, le un an, où as-tu pris cet habit?

– Je ne l'ai pas pris, dit Kotick. Il est venu tout seul.

Au moment où il allait culbuter son interlocuteur, surgirent de derrière une dune deux hommes à cheveux noirs et à faces rougeaudes et plates; Kotick n'avait encore jamais vu d'homme : il toussa et mit tête basse. Les holluschickie s'écartèrent tout bonnement de quelques mètres et restèrent figés à les dévisager d'un œil stupide. Les hommes n'étaient rien moins que Kerick Bosterin, chef des chasseurs de phoques de l'île, et son fils, Patalamon. Venus du petit village situé à moins d'un mille des nurseries, ils effectuaient le travail de sélection des phoques qu'ils rabattaient vers les abattoirs (car on mène les phoques tout comme des moutons), pour les transformer par la suite en vestons fourrés.

– Oh! dit Patalamon. Regarde! Un phoque blanc!

Kerick Bosterin vira presque au blanc sous sa couche d'huile et de fumée. C'était un Aléoute (9) et la propreté n'est pas le fort des Aléoutes. Puis il commença à marmotter une prière.

– Ne le touche pas, Patalamon. Il n'y a jamais eu de phoque blanc depuis... depuis ma naissance. C'est peut-être le spectre du vieux Zaharrof, qui s'est perdu l'année derrière dans la grande bourrasque.

– Je ne m'approche pas de lui, dit Patalamon. Il porte malheur. Tu crois vraiment que c'est le vieux Zaharrof qui est revenu? J'ai une dette envers lui pour des œufs de mouette.

– Ne le regarde pas, dit Kerick. Détourne-moi ce troupeau de quatre ans. Les hommes devraient en écorcher deux cents, aujourd'hui, mais c'est le début de la saison, et ils sont neufs à l'ouvrage. Une centaine suffira. Vite!

Patalamon se planta devant le troupeau de holluschickie, faisant cliqueter une paire d'omoplates de phoque; ils s'arrêtèrent net; soufflant et tempêtant. Il s'approcha. Les phoques s'ébranlèrent. Kerick les dirigea vers l'intérieur. Ils n'esquissèrent pas la moindre tentative de retour vers leurs compagnons. Des centaines et des centaines de milliers de phoques observèrent cet exode tout en poursuivant leurs jeux comme si de rien n'était. Kotick fut le seul à poser des questions, mais aucun de ses compagnons ne put rien lui dire, sinon que les hommes, six semaines ou deux mois chaque année, avaient coutume de rabattre ainsi nombre de phoques.

– Je vais les suivre, dit-il; et les yeux quasi exorbités, il clopina dans le sillage du troupeau.

– Le phoque blanc se traîne à notre suite, cria

Patalamon. C'est la première fois qu'un phoque vient de lui-même à l'aire d'abattage.

– Chut! Ne regarde pas en arrière, dit Kerick. C'est le spectre de Zaharrof, j'en suis sûr! Il faut que j'en parle au prêtre.

Un demi-mille tout au plus les séparait de l'aire d'abattage, mais il leur fallut une heure pour y parvenir; en effet, si les phoques forçaient l'allure, ils risquaient de s'échauffer, Kerick ne l'ignorait pas, et dans ce cas, leur fourrure viendrait par lambeaux à l'heure de l'écorchement. Aussi imposat-il un rythme très lent; passé Sea-Lion's Neck (l'Isthme de l'Otarie), passé Webster House, on arriva enfin à Salt House, située juste hors de vue des phoques entassés sur la grève. Perplexe et pantelant, Kotick suivit. Il avait l'impression d'être au bout du monde, mais derrière lui, le vacarme des nurseries résonnait aussi fort que le rugissement d'un train dans un tunnel. Au bout d'un moment, s'asseyant sur la mousse, Kerick sortit une lourde montre d'étain et accorda au troupeau une détente de trente minutes, au cours desquelles Kotick entendit la rosée du brouillard tomber en gouttelettes du bord de son bonnet. Apparurent ensuite dix ou douze hommes, chacun armé d'une matraque cerclée de fer et longue de trois ou quatre pieds. Kerick leur désigna un ou deux phoques, mordus par leurs camarades ou trop échauffés : à grands coups de leurs lourdes bottes en peau de gorge de morse, les hommes les sortirent du troupeau; ceci fait, Kerick dit : « Allez-y! » et les hommes assommèrent les phoques sous un déluge de coups de matraque.

Dix minutes plus tard, le jeune Kotick ne pouvait plus reconnaître ses amis, dont la peau, lestement décollée du museau aux nageoires postérieures, arrachée en un tournemain, avait été jetée à terre, en tas.

C'en était assez pour Kotick. Il fit volte-face et

repartit au galop – un phoque est capable de galoper très vite un court instant – vers la mer, sa petite moustache naissante tout hérissée d'horreur. A Sea-Lion's Neck, où les grandes otaries siègent en bordure de l'écume, il se jeta dans l'eau fraîche, la tête enfouie dans les nageoires, et se laissa bercer, suffoquant et pitoyable.

– Qu'est-ce que c'est?, dit une otarie d'un ton bourru; car en général, les otaries font bande à part.

– *Scoochnie*! *Ochen Sccochnie*! (je suis seul, très seul!), dit Kotick. Ils sont en train de tuer tous les holluschickie partout, sur toutes les grèves!

L'otarie tourna les yeux vers la côte.

– Sottises! Tes amis font leur vacarme coutumier. Tu as dû voir le vieux Kerick liquider un troupeau. Il y a trente ans qu'il fait cette besogne.

– C'est horrible, dit Kotick, submergé par une vague, il se mit à nager à culer, puis il reprit son aplomb en vissant dans l'eau ses nageoires dans un mouvement d'hélice, qui l'arrêta tout dressé à moins de trois pouces d'une saillie rocheuse déchiquetée.

– Pas mal, pour un jeune d'un an! dit l'otarie, orfèvre en matière de nage. De votre point de vue, c'est en effet assez abominable, je l'imagine; mais puisque vous persistez, vous autres phoques, à venir ici d'année en année, les hommes finissent bien évidemment par le savoir, et à moins de trouver une île où nul homme ne vient jamais, vous vous ferez toujours embarquer.

– N'existe-t-il donc par une telle île? commença Kotick.

– Voilà vingt ans que je suis le *poltoos* (le flétan), et je mentirais en disant que je l'ai trouvée. Mais écoute donc, toi qui sembles avoir un penchant pour t'adresser à tes supérieurs. Si tu allais à Walrus Islet (l'Ilot du Morse) parler à Sea Vitch? Peut-être sait-il quelque chose. Ne te précipite pas comme ça. C'est une traversée de six milles; à ta place, mon petit, je commencerais par me tirer au sec pour faire un petit somme.

C'était là un bon conseil : Kotick obtempéra; regagnant à la nage sa propre grève, il se tira au sec et dormit une demi-heure, tout convulsé de tics, à la manière des phoques. Puis il mit le cap droit sur Walrus Islet, petit îlot de plaque rocheuse à fleur d'eau, presque plein nord-est par rapport à Novastoshnah, tout en saillies rocheuses et en nids de mouettes, où vivait à l'écart la colonie des morses.

Il prit terre tout près du vieux Sea Vitch – le gros vilain morse du Pacifique Nord, bouffi et pustuleux, avec son cou épais et ses longues défenses, totalement dépourvu de manières, sauf en cas de sommeil, comme en cette minute, les nageoires postérieures baignant à moitié dans l'écume.

– Réveille-toi! vociféra Kotick, car les mouettes menaient grand tapage.

– Ha! Oh! Hum! Qu'est-ce que c'est? dit Sea Vitch.

D'un bon coup de défenses, il réveilla le morse le plus proche, qui fit de même à son voisin, et ainsi de suite jusqu'à ce qu'ils fussent tous réveillés, écarquillant les yeux dans toutes les directions, sauf la bonne.

– Hé! C'est moi, dit Kotick, petite limace blanche qui dansait dans l'écume.

– Eh bien! que je sois écorché! lança Sea Vitch; tous les regards convergèrent sur Kotick; imaginez tout un club de vieux messieurs somnolents devant un petit garçon, et vous avez la scène. Kotick ne se souciait pas d'en entendre davantage sur l'écorchement dans l'immédiat : il en avait vu à satiété. Aussi demanda-t-il à haute voix : N'y a-t-il pas un lieu propice aux phoques et où les hommes ne mettent jamais les pieds?

– Trouve toi-même, dit Sea Vitch en fermant les yeux. Allez, va. Nous avons à faire, ici.

Kotick exécuta son saut de dauphin en l'air et cria de toutes ses forces : « Mangeur de clams! Mangeur de clams! » Il savait que Sea Vitch n'avait jamais pris un poisson de sa vie, mais passait son temps à dénicher clams et algues, tout en alimentant la fiction d'un personnage redoutable. Comme de juste, les Chickies, les Gooverooskies, les Epatkas, les Mouettes Bourgmestres, les Mouettes tridactyles et les Macareux, qui ne ratent jamais une occasion d'être insolents, reprirent le cri; et pendant près de cinq minutes, au dire de Limmershin, un coup de fusil n'aurait pas percé le vacarme sur Walrus Islet. Toute la population piaulait et piaillait : « Mangeur de clams! *Stareek*! (Vieillard!), cependant que Sea Vitch roulait d'un flanc sur l'autre, grognant et toussotant.

— Alors, tu le dis, maintenant? dit Kotick à bout de souffle.

— Va demander à Sea Cow (Vache Marine), dit Sea Vitch. S'il est encore en vie, il pourra te le dire.

— Comment le reconnaître sur mon chemin? dit Kotick, faisant déjà demi-tour.

— C'est, dans la mer, la seule chose plus vilaine que Sea Vitch, » lança à tue-tête une mouette Bourgmestre en tournoyant sous le nez de Sea Vitch. « Plus vilaine et plus mal élevée! *Stareek*. »

Laissant crier les mouettes, Kotick reprit à la nage le chemin de Novastoshnah. Mais il s'aperçut que sa modeste tentative pour trouver un lieu protégé pour les phoques n'intéressait personne. On lui rétorqua que les hommes avaient de tout temps rabattu les holluschickie – affaire de routine; et s'il n'aimait pas les ignobles spectacles, pourquoi donc était-il allé jusqu'aux aires d'abattage? Mais aucun des autres phoques n'avait vu la tuerie, c'est ce qui changeait tout entre lui et ses amis. En outre, Kotick était un phoque blanc.

— Ce que tu dois faire, dit le vieux Sea Catch

lorsque son fils lui eut conté ses aventures, c'est devenir un grand phoque adulte comme ton père, et fonder une nursery sur la plage; alors, ils te laisseront en paix. Encore cinq ans, et tu devrais pouvoir te battre pour ton compte.

Même sa mère, la douce Matkah, lui dit :

– Tu ne pourras jamais arrêter la tuerie. Va jouer dans la mer, Kotick.

Et Kotick s'en alla danser la Danse du Feu, son petit cœur très lourd.

Cet automne, il déserta la grève sitôt que possible et se mit seul en route, à cause d'une idée qui habitait sa tête ronde. Il allait trouver Vache Marine, s'il existait un tel personnage dans l'étendue des mers; il allait trouver une île paisible avec des bonnes plages de sable ferme pour les phoques, hors d'atteinte des hommes.

Aussi explora-t-il, explora-t-il, inlassablement, tout seul, le Pacifique Nord et le Pacifique Sud, couvrant à la nage jusqu'à trois cents milles en un jour et une nuit. Des aventures, il lui en arriva plus qu'on ne peut conter; il échappa de justesse au Requin Pèlerin, et au Requin Tacheté, et au Requin Marteau; il croisa sur son chemin toute la faune douteuse qui vagabonde à travers les mers, et les pesants poissons polis et les pétoncles tachetés d'écarlate, amarrés en un même point des centaines d'années durant, et très fières d'un tel exploit; mais jamais il ne trouva Sea Cow, jamais il ne trouva l'île de ses rêves.

Si la grève était bonne et ferme avec, à l'arrière, une pente où les phoques puissent jouer, il y avait toujours à l'horizon la fumée d'un baleinier, où l'on faisait réduire du blanc, et Kotick savait alors parfaitement à quoi s'en tenir. Ou bien, il décelait la présence lointaine de phoques et des signes de leur massacre, et Kotick savait que là où l'homme a déjà mis le pied, il reviendra toujours.

Il fit un bout de chemin avec un vieil albatros à

queue tronquée, qui évoqua l'île de Kerguelen (10) comme l'endroit rêvé pour la paix et le silence; mais lorsqu'il y fit une incursion, Kotick faillit se fracasser contre de mauvaises falaises noires au cours d'un violent orage de grêle accompagné d'éclairs et de tonnerre. Pourtant, dans une épuisante nage à contre-vent, il découvrit que, même là, s'était tenue jadis une nursery de phoques. Et il en fut de même dans toutes les autres îles qu'il visita.

Limmershin en égrena une longue liste car, selon ses dires, Kotick avait passé cinq saisons en explorations, coupées, chaque année, d'un repos de quatre mois à Novastoshnah, où les holluschickie se moquaient de lui et de ses îles imaginaires. Il alla aux Galapagos (11), affreux endroit aride sous l'Equateur, où il manqua mourir à la cuisson du soleil; il alla aux îles de Georgie (12), aux Orcades Sud (13), à l'île d'Emeraude (14), à l'île du Petit Rossignol (15), à l'île de Gough (16), à l'île du Bouvet (17), aux Crossets (18), et jusqu'à un îlot minuscule au sud du Cap de Bonne-Espérance. Mais partout le Peuple de la Mer lui répétait la même chose. Des phoques avaient bien abordé ces îles, en des temps très lointains, mais les hommes les avaient tous massacrés. Même, à des milliers de milles du Pacifique, quand un jour il atteignit un lieu appelé Cap Corrientes (à son retour de l'île de Gough), il trouva sur un rocher quelques centaines de phoques galeux qui lui dirent que même ce lieu était connu des hommes.

Au bord du désespoir, il se dirigeait vers le Cap Horn, en route pour ses grèves natales, quand, dans sa remontée vers le nord, il se tira au sec dans une île couverte d'arbres verts, où il trouva un vieux, très vieux phoque moribond. Kotick lui attrapa du poisson et lui conta toutes ses peines.

– A présent, dit Kotick, je retourne à Novastoshnah, et si je suis mené aux abattoirs avec les holluschickie, je n'en aurai cure.

Mais le vieux phoque l'aiguillonna :

– Fais une dernière tentative. Je suis le dernier de la Colonie Perdue de Másafuera, et aux jours où les hommes nous tuaient par centaines de milliers, circulait sur les grèves une légende au sujet d'un phoque blanc qui surviendrait un jour du nord et conduirait le peuple des phoques vers un lieu sûr. Je suis vieux et ne verrai jamais ce jour-là, mais d'autres le verront. Fais une dernière tentative.

Et Kotick retroussa sa moustache (superbe, au demeurant) et dit :

– Je suis l'unique phoque blanc jamais venu au monde, et je suis l'unique phoque, noir ou blanc, à s'être jamais soucié de chercher des îles nouvelles.

Ayant dit, il se trouva infiniment réconforté. Quand il fut de retour à Novastoshnah, cet été-là, sa mère, Matkah, le supplia de se marier et de se ranger, vu qu'il n'était plus un holluschick mais un sea-catch, un mâle en pleine maturité, avec une crinière blanche et frisée sur les épaules, aussi lourd, aussi grand et aussi farouche que son père.

– Accorde-moi encore une saison, dit-il. Rappelle-toi, mère, c'est toujours la septième vague qui déferle le plus haut sur la grève.

Par une étrange coïncidence, il se trouva une jeune phoque pour préférer, tout compte fait, retarder d'un an son mariage, et Kotick, la dernière nuit avant son départ pour son ultime quête, dansa la Danse du Feu en sa compagnie · tout le long de Lukannon Beach.

Cette fois, il se dirigea vers l'ouest; en effet, le hasard l'avait mis sur la piste d'un grand banc de flétans et il lui fallait au moins cent livres de poisson par jour pour se maintenir en bonne condition. Il leur donna la chasse jusqu'aux limites de la fatigue; après quoi, il se pelotonna et s'endormit dans les entre-deux de la longue houle qui vous

porte vers Copper Island. Kotick avait de la côte
une connaissance parfaite : aussi, vers minuit, le
contact soudain et sans brutalité d'un lit de varech
l'amena-t-il à dire : « Hum, la marée a grande
amplitude, ce soir ». Se retournant sous l'eau, il
ouvrit lentement les yeux et s'étira. Puis il se mit à
sauter comme un chat, à la vue d'énormes choses
occupées à fureter dans les hauts-fonds et à brouter
les lourdes franges des varechs.

– Par les Grands Brisants de Magellan! dit-il dans
ses vibrisses (19). Qui diable sont ces gens, par les
eaux abyssales?

Morse, lion marin, phoque, ours, baleine, requin,
poisson, calmar ou pétoncle, ils ne ressemblaient à
aucun des êtres connus de Kotick. Longs de vingt à
trente pieds, ils n'avaient pas de nageoires postérieures, mais une queue en forme de pelle qui
paraissait taillée dans du cuir mouillé. Leurs têtes
avaient un air parfaitement idiot; ou bien ils broutaient, ou ils se tenaient en équilibre sur le bout de
leurs queues en eau profonde, se saluant à qui
mieux mieux en grande pompe et agitant leurs
nageoires antérieures comme un homme corpulent,
ses bras.

– Ahem! dit Kotick. Bon divertissement, messieurs?

Pour toute réponse, les grosses créatures incliné-
rent la tête et agitèrent leurs nageoires, comme le
Frog-Footman (20). Quand ils retournèrent à leur
pâture, Kotick s'aperçut que leur lèvre supérieure
était fendue en deux morceaux qu'ils pouvaient
écarter d'environ un pied et joindre à nouveau avec
tout un boisseau d'algues dans la fente. Leur bouche copieusement bourrée, ils mastiquaient d'un air
solennel.

– Sale manière de manger, dit Kotick. Nouvelles
inclinaisons de tête. Kotick sentit la colère monter.
Fort bien, dit-il. Vos nageoires antérieures ont une
articulation supplémentaire? Soit. Pas la peine de

tant crâner. Vous saluez avec grâce, c'est une affaire entendue, mais je voudrais connaître vos noms.

Et les lèvres fendues de s'agiter et de se convulser, et les verts yeux vitreux de s'exorbiter; mais de parole, point.

– Eh bien! dit Kotick. Voilà que je rencontre en vous les seuls êtres plus vilains que Sea Vitch – et plus impolis.

Et ce disant, il se souvint tout d'un coup de ce que lui avait crié la Mouette Bourgmestre, quand il avait à peine un an, à Walrus Islet. Il retomba à la renverse dans l'eau : il savait qu'il avait enfin découvert Sea Cow.

Les Dugongs continuèrent à mâchouiller, à brouter, à mastiquer dans le varech, et Kotick essaya sur eux toutes les langues qu'il avait apprises au cours de ses voyages (et le Peuple de la Mer dispose de presque autant de langues que les êtres humains). Mais les Dugongs restèrent sans réponse, car leur espèce est dans l'incapacité de parler. Le Dugong n'a que six os dans le cou au lieu de sept, et l'on dit, sous la mer, que c'est cela qui l'empêche de parler, même avec ses semblables; mais comme vous savez, sa nageoire antérieure est dotée d'une articulation supplémentaire : il l'agite en tous sens, créant, de la sorte, une ébauche de code télégraphique.

Au point du jour, tous les poils de sa crinière hérissés, Kotick n'avait plus une once de patience, engloutie au royaume des crabes morts. C'est alors que les Dugongs s'ébranlèrent très lentement en direction du nord, ménageant de temps à autre des arrêts pour tenir d'absurdes conciliabules tout en dodelinements; Kotick les suivit en se disant : « Des gens à ce degré d'idiotie se seraient depuis longtemps fait massacrer s'ils n'avaient découvert quelque île sûre. Et ce qui est assez bon pour les Dugongs est assez bon pour les Sea Catch. C'est égal, s'ils pouvaient se presser un peu... »

Ce fut une affaire épuisante pour Kotick. Le

troupeau ne parcourait jamais plus de quarante ou cinquante milles par jour, s'arrêtait la nuit pour manger et ne s'éloignait jamais de la côte. Pendant ce temps, Kotick nageait autour, au-dessus, au-dessous, sans les activer d'un demi-mille. A mesure qu'ils avançaient vers le nord, les Dugongs tenaient leur dodelinant conseil toutes les deux ou trois heures. Kotick s'était presque arraché la moustache d'impatience, lorsqu'il s'aperçut qu'ils remontaient un courant chaud : il en conçut plus de respect pour eux.

Une nuit, ils se laissèrent couler dans l'eau luisante – à pic, comme des pierres – et, pour la première fois depuis qu'il les connaissait, ils se mirent à nager vite. Kotick suivit, étonné de leur allure : dans son esprit, Vache Marine était tout sauf un nageur. Ils mirent le cap sur une falaise le long du rivage, une falaise bien ancrée en eau profonde : ils plongèrent dans un trou noir au pied de la falaise, par vingt brasses de fond. Ce fut une longue, très longue plongée, et avant même de sortir du tunnel sombre qu'ils lui avaient fait traverser, Kotick éprouvait un horrible besoin d'air frais.

– Par ma perruque, dit-il en émergeant au large, à l'autre extrémité, haletant et suffoquant. Ce fut une longue plongée, mais elle en valait la peine.

Les Dugongs s'étaient égaillés et broutaient nonchalamment sur le bord des plus beaux rivages que Kotick eût jamais vus. Il y avait, sur des milles, de longues étendues de rochers, polis par l'érosion de l'eau, exactement propices à l'établissement de nurseries; il y avait, en arrière, des terrains de jeu en sable durci inclinés vers l'intérieur : il y avait de grandes lames de houle pour les ébats des phoques, de l'herbe longue pour les roulades, des dunes pour les escalades et les dégringolades; et par-dessus tout, le toucher de l'eau, qui jamais ne trompe un véritable Sea Catch, révéla à Kotick l'absence absolue de l'homme dans les parages.

En tout premier lieu, il s'assura de l'opulence de la pêche; ensuite, longeant les grèves à la nage, il dénombra les ravissants îlots bas et sablonneux à demi cachés dans les belles écharpes de brume. Là-bas au large, vers le nord, s'étendait une ligne d'écueils, de barres et de rochers qui empêcherait à tout jamais un navire d'approcher à moins de six milles du rivage; entre les îles et la terre, s'insérait un chenal d'eau profonde, où plongeait la falaise perpendiculaire, et quelque part sous les falaises s'ouvrait la bouche du tunnel.

– C'est un autre Novastoshnah, mais dix fois mieux, dit Kotick. Vache Marine est sans doute plus malin que je ne croyais. Impossible à des hommes, à supposer qu'il y en eût, de descendre des falaises; et les hauts-fonds, vers le large, feraient voler un navire en éclats. S'il est un lieu sûr de par les mers, c'est bien celui-ci.

Sa pensée se mit à voguer vers celle qu'il avait laissée au pays, mais malgré sa hâte à retourner à Novastoshnah, il explora de fond en comble la nouvelle contrée, de façon à pouvoir répondre à toutes les questions.

Puis il plongea, s'assura une bonne fois de l'embouchure du tunnel et s'y précipita en direction du sud. A l'exception d'un Dugong ou d'un phoque, qui aurait soupçonné l'existence d'une telle retraite? Kotick lui-même, jetant un œil derrière lui vers les falaises, avait du mal à admettre, qu'il avait nagé au-dessous d'elles.

Il mit six jours à rentrer, malgré son allure soutenue. Et lorsqu'il toucha terre juste au-dessus de Sea-Lion's Neck, la première persone qu'il rencontra fut celle qui n'avait cessé de l'attendre; elle lut dans ses yeux qu'il avait enfin trouvé son île.

Mais les holluschickie, Sea Catch, son propre père, et tous les autres phoques se gaussèrent de lui quand il leur conta sa découverte, et un jeune phoque d'à peu près son âge dit :

– Tout ceci est bel et bon, Kotick, mais tu reviens de Dieu sait où, et tu crois pouvoir nous donner l'ordre de tout quitter comme ça? N'oublie pas que nous nous sommes battus pour nos nurseries; tu n'en peux dire autant. Tu as choisi le vagabondage sur la mer.

Cette remarque déclencha un éclat de rire général, et le jeune phoque se mit à balancer la tête d'un côté à l'autre; il venait juste de se marier, cette année-là, et en faisait tout un plat.

– Je n'ai pas de nursery à défendre, dit Kotick. Je veux seulement vous montrer, à tous, un endroit où vous serez en sûreté. A quoi bon se battre?

– Oh, si tu essayes de te défiler, il va de soi que je n'ai plus rien à dire, fit le jeune phoque avec un sale petit rire.

– Me suivras-tu si j'ai le dessus, dit Kotick, et une lueur verte flamboya dans ses yeux, car il était furieux d'avoir à se battre tant soi peu.

– Fort bien, dit le jeune phoque à la légère. Dans cette improbable hypothèse, je viendrai.

Il n'eut pas le temps de changer d'avis : la tête de Kotick partit comme une flèche, ses dents se plantèrent dans la réserve graisseuse du cou de son adversaire. Puis il se rejeta en arrière, se campa sur ses hanches, traîna son ennemi le long de la grève, le secoua et le jeta à terre. Alors Kotick hurla à l'intention des phoques :

– Au cours de ces cinq dernières saisons, j'ai donné pour vous le meilleur de moi-même. Je vous ai trouvé l'île où vous serez en sûreté. Mais à moins d'arracher vos têtes à vos cous imbéciles, vous ne me croirez pas. Je vais donc vous apprendre, à présent. Prenez garde à vous!

Au dire de Limmershin jamais de sa vie – et Limmershin voit dix mille grands phoques se battre tous les ans –, jamais de toute sa petite vie, il n'avait rien vu de comparable à la charge de Kotick sur les nurseries. Il se jeta sur le plus gros Sea Catch qu'il pût trouver, le saisit à la gorge, le serra à l'étrangler, le rossa et le roua de coups jusqu'à ce que, dans un grognement, il demandât grâce. Le jetant alors de côté, il attaqua le suivant. Voyez-vous, Kotick n'avait jamais jeûné quatre longs mois par an, selon la coutume des grands phoques, ses courses en haute mer l'avaient maintenu en parfaite condition, et par-dessus tout, il ne s'était encore jamais battu. La blanche crinière frisée hérissée de rage, les yeux flamboyants, les grands crocs étincelants, il était splendide à voir.

Le vieux Sea Catch, son père, le vit passer comme une trombe, remorquant ici et là les vieux phoques grisonnants comme autant de flétans, et culbutant les jeunes célibataires tous azimuts. Alors, Sea Catch poussa un rugissement et cria :

– Il est peut-être fou, mais c'est le meilleur combattant des Grèves. Ne t'attaque pas à ton père, mon fils! Il marche avec toi!

Kotick poussa un rugissement en réponse. Le vieux Sea Catch, les vibrisses hérissées, soufflant comme une locomotive, vint en se dandinant prendre place à ses côtés, tandis que Matkah et la fiancée de Kotick se faisaient toutes petites et béaient d'admiration devant leurs hommes. Ce fut une somptueuse bataille, car père et fils n'y mirent fin que lorsqu'il n'y eut plus un seul phoque assez audacieux pour lever la tête. Ceci obtenu, ils paradèrent superbement sur la grève, côte à côte, avec force rugissements.

La nuit venue, à l'instant où l'Aurore Boréale commençait à percer le brouillard de ses scintillements clignotants, Kotick, du haut d'un rocher nu, s'en fut contempler les nurseries dévastées et les phoques meurtris et ensanglantés.

– Maintenant, dit-il, vous l'avez eue, votre leçon.
– Par ma perruque! dit le vieux Sea Catch en se

redressant avec raideur, car il était effroyablement éreinté. L'Epaulard lui-même ne les aurait pas mieux taillés en pièces. Fils, je suis fier de toi; qui plus est, je te suivrai, moi, dans ton île – si elle existe.

– Ecoutez, vous autres, gras pourceaux de la mer! Qui m'accompagne au tunnel de Sea Cow? Répondez, ou je reprends la leçon, s'égosilla Kotick.

D'un bout à l'autre des grèves s'éleva un murmure pareil au clapotis de la marée. « Nous viendrons, dirent des milliers de voix exténuées. Nous suivrons Kotick, le Phoque Blanc. »

Alors, Kotick rentra sa tête entre ses épaules et ferma les yeux avec fierté. De phoque blanc, il n'avait plus que le nom, il était rouge de la tête à la queue. Mais il eût été indigne de lui de regarder ou de toucher une seule de ses blessures.

Une semaine plus tard, à la tête de son armée (environ dix mille holluschickie et vieux phoques), il prit la direction du nord vers le tunnel de Sea Cow. Les phoques qui restaient à Novastoshnah les traitèrent d'imbéciles. Mais le printemps suivant, lors des grandes retrouvailles au large des lieux de pêche du Pacifique, les récits délirants des phoques de Kotick sur les nouvelles grèves de par-delà le tunnel de Sea Cow provoquèrent un exode massif de Novastoshnah.

Sans doute, cela ne se fit pas d'un coup, car les phoques ont besoin de beaucoup de temps pour ressasser les choses dans leur tête, mais d'année en année, croissait le nombre des départs de Novastoshnah, de Lukannon et des autres nurseries vers les paisibles grèves protégées où Kotick trône tout l'été, plus grand, plus gros et plus fort chaque année, entouré de holluschickie et de leurs joyeux ébats, en cette mer où nul homme ne vient.

LUKANNON

(Voici la grande chanson du grand large que chantent tous les phoques de St-Paul quand ils retournent à leurs grèves, l'été venu. C'est une sorte d'hymne national phoque, empreint d'une grande tristesse.)

Au matin (oh, que je suis vieux!), j'ai trouvé mes
[compagnons
Là où, grondant sur les écueils, roulait l'estivale
[lame de fond;
Ils ont élevé un chœur, de deux millions de voix
[puissant,
– Les Grèves de Lukannon –, qui noya le chant des
[brisants.

Le chant des douces haltes au bord des salines
[lagunes,
Le chant des escadrons mugissants qui dévalaient
[les dunes,
Le chant des danses de minuit qui transformaient la
[mer en un chaudron de flamme,
– Les Grèves de Lukannon –, avant la venue des
[chasseurs de phoques, infâmes!

Au matin (je ne les verrai jamais plus!), j'ai trouvé
[mes compagnons;

122

Ils allaient et venaient, obscurcissant le rivage, par
[légions.
A travers le large pommelé d'écume, aussi loin que
[la voix portait,
Nous acclamions les détachements en route vers la
terre, leur montée sur la grève, nos chants l'encou-
[rageaient.

– Les Grèves de Lukannon –, le blé d'hiver si grand –
Le brouillard qui transperce tout, les crêpelés
[lichens ruisselants!
Les aires de nos jeux, roches luisantes, lisses et
[usées!
– Les Grèves de Lukannon – le rivage où nous
[sommes nés!

Au matin, j'ai trouvé mes compagnons, en déroute,
[abattus.
L'homme nous fusille dans l'eau, sur terre nous
[matraque, avec ses massues.
L'homme nous mène au Saloir comme moutons
[dociles et stupides,
Malgré tout, nous chantons Lukannon – avant la
[venue des chasseurs avides.

Virevolte, virevolte vers le sud! ô, Gooverrooska, va!
L'histoire de nos malheurs, aux vice-Rois des Mers
[conte-la!
Avant que, vides comme l'œuf de requin jeté par la
[tempête en sa puissance.
Les Grèves de Lukannon n'aient plus de leurs fils la
[moindre connaissance!

RIKKI-TIKKI-TAVI

Le trou où il passa,
Œil Rouge Peau Ridée appela.
Ecoutez ce que petit Œil Rouge a lancé :
« Nag, viens avec la mort danser! »

Œil à œil, tête à tête,
(*En mesure, Nag.*)
Avec un mort finira la fête;
(*A ton gré, Nag.*)
Tour pour tour, torsion pour torsion
(*Cours te cacher, Nag.*)
Ah! Manqué, Mort à Capuchon!
(*Malheur à toi, Nag!*)

Ceci est l'histoire de la grande guerre que Rikki-tikki-tavi mena toute seule dans les salles de bains du grand bungalow, au cantonnement de Segowlee. Darzee, la fauvette couturière, l'aida : Chuchundra, le rat musqué, qui ne se risque jamais au milieu du plancher, mais se faufile toujours le long du mur, lui donna des conseils; mais le vrai combat fut l'œuvre de Rikki-tikki.

C'était une mangouste. Assez semblable à un petit chat par la fourrure et la queue, mais une vraie

125

belette par la tête et les mœurs. Elle avait les yeux roses, ainsi que le bout de son nez frémissant. Elle pouvait se gratter où elle voulait, indifféremment avec ses pattes avant ou arrière. Elle pouvait faire bouffer sa queue jusqu'à lui donner l'allure d'un rince-bouteilles; et son cri de guerre, tandis qu'elle se hâtait à travers l'herbe longue, était : « *Rikki-tikki-tikki-tikki-tchk!* »

Un jour, une forte inondation d'été l'expulsa du terrier où elle vivait avec son père et sa mère et l'emporta, gloussant et se débattant, dans un fossé qui bordait la route. Ayant trouvé là une petite touffe d'herbe qui flottait, elle s'y cramponna mais finit par s'évanouir. Quand elle revint à elle, elle gisait en plein soleil, au beau milieu d'une allée de jardin, toute trempée et couverte de boue; et un petit garçon disait :

– Tiens, une mangouste morte. On va l'enterrer.

– Non, dit sa mère. Rentrons-la et séchons-la. Elle n'est peut-être pas tout à fait morte.

Ils l'emportèrent dans la maison, où un homme imposant la saisit entre le pouce et l'index, et déclara qu'elle n'était pas morte, mais à moitié étouffée. Aussi l'enveloppèrent-ils dans du coton pour la réchauffer : et la mangouste ouvrit les yeux et éternua.

– Maintenant, dit l'homme imposant (un Anglais qui venait d'emménager dans le bungalow), ne l'effrayez pas, et voyons ce qu'elle va faire.

Effaroucher une mangouste est bien la chose la plus difficile au monde : en effet, du museau à la queue, ces petites bêtes sont dévorées de curiosité. Leur famille a pour devise : « Cherche et trouve »; et Rikki-tikki était une vraie mangouste. Elle inspecta la boule de coton, estima que ce n'était pas bon à manger, trottina tout autour de la table, s'assit, remit sa fourrure en ordre, se gratta et sauta sur l'épaule du petit garçon.

– N'aie pas peur, Teddy, lui dit son père. C'est sa manière de se lier d'amitié.

– Aïe! Elle me chatouille sous le menton, dit Teddy.

Rikki-tikki plongea son regard entre le col et le cou du petit garçon, renifla son oreille et descendit au plancher, où elle s'assit en se frottant le nez.

– Juste ciel, dit la mère de Teddy, dire que c'est un animal sauvage! Son attitude si peu farouche s'explique, j'imagine, par le fait que nous avons été bons envers elle.

– Toutes les mangoustes sont comme ça, dit le père. Si Teddy ne la soulève pas par la queue, ou n'essaie pas de la

Rikki-tikki plongea son regard entre le col et le cou du garçon.

mettre en cage, nous la verrons, trotte-menue, entrer et sortir de la maison toute la journée. Donnons-lui à manger.

Ils lui donnèrent un petit morceau de viande crue. Rikki-tikki s'en régala; et quand elle eut fini, elle sortit sous la véranda, s'assit au soleil et fit bouffer sa fourrure pour la sécher jusqu'aux racines. Alors, elle se sentit mieux.

– Il y a plus de découvertes à faire, dans cette maison, se dit-elle, que n'en pourraient faire tous les membres de ma famille pendant toute leur vie. Je vais rester, assurément, et, à moi les découvertes!

Toute cette journée, elle l'employa à sillonner la maison en tous sens. Elle faillit se noyer dans les tubs, fourra son nez dans l'encrier d'une table à écrire, le brûla sur le bout du cigare de l'homme imposant, en grimpant sur ses genoux pour voir comment se pratiquait l'écriture. A la nuit tombante, elle se précipita dans la chambre de Teddy pour observer comment on allumait les lampes à pétrole, et quand Teddy alla se coucher, Rikki-tikki grimpa avec lui. Mais c'était une compagne agitée : toute la nuit durant, il lui fallut se lever pour prêter

Elle fourra son nez dans l'encre.

attention à chaque bruit et en découvrir la cause. Avant de se coucher, le père et la mère de Teddy vinrent jeter un coup d'œil à leur garçon, et trouvèrent Rikki-Tikki en pleine activité, sur l'oreiller.

— Je n'aime pas cela, dit la mère de Teddy. Elle risque de mordre l'enfant.

— En aucune façon, dit le père. Avec cette petite bête, Teddy est plus en sûreté que s'il avait un limier pour le garder. Si un serpent s'introduisait dans sa chambre, à présent...

Mais la mère de Teddy refusa de songer à de telles horreurs.

De bonne heure le matin, à cheval sur l'épaule de Teddy, Rikki-tikki vint prendre part au petit déjeuner dans la véranda; on lui donna de la banane et de l'œuf à la coque; elle passa sur tous les genoux à tour de rôle; en effet, toute mangouste bien élevée a toujours l'espoir de devenir, un jour ou l'autre, mangouste domestique, et d'avoir un territoire de diverses pièces à parcourir; et la mère de Rikki-tikki (elle avait habité autrefois la maison du Général, à

Rikki-tikki était tout éveillée sur l'oreiller.

Segowlee) avait soigneusement instruit sa progéniture des conduites à adopter si jamais elle tombait sur des hommes blancs.

Ensuite, Rikki-tikki sortit dans le jardin pour voir ce qu'il y avait à voir. C'était un grand jardin, à demi cultivé seulement, avec des massifs de rosiers Maréchal-Niel aussi grands que des pavillons, des citronniers, des orangers, des bouquets de bambous et des fourrés de hautes herbes. Rikki-tikki se lécha les babines.

– Quel magnifique terrain de chasse, dit-elle.

Sa queue en prit des allures de rince-bouteilles; tout affairée, elle parcourait déjà le jardin en tous sens, flairant de-ci, de-là, quand soudain elle entendit de très mélancoliques voix sortir d'un buisson d'épines.

C'était Darzee, la fauvette couturière et son épouse. Ils avaient construit un beau nid en rapprochant deux grandes feuilles dont ils avaient cousu les bords avec des fibres, et rempli l'intérieur de coton et de peluche duveteuse. Juché sur le bord du nid aux douces oscillations, le couple pleurait.

– Qu'y a-t-il? demanda Rikki-tikki.

– Nous sommes très malheureux, dit Darzee. Hier, un de nos bébés est tombé du nid, et Nag l'a mangé!

– Hum! dit Rikki-tikki. Voilà qui est fort triste. Mais je suis étrangère ici. Qui donc est Nag?

En guise de réponse, Darzee et son épouse se tapirent dans le nid; en effet, de l'épaisseur de l'herbe, au pied de buisson, surgit un sifflement sourd – un horrible son glacé qui fit faire à Rikki-tikki un saut de deux bons pieds en arrière. Alors, pouce par pouce, s'éleva de l'herbe la tête encapuchonnée de Nag, le gros cobra noir, long de cinq pieds de la langue à la queue. Une fois le tiers de son corps dressé, il resta à se balancer de droite et

A cheval sur l'épaule de Teddy, elle vint prendre part au petit déjeuner.

130

de gauche, exactement comme se balance au vent une touffe de pissenlit, dévisageant Rikki-tikki de ces yeux de serpent, ces mauvais yeux dont l'expression ne change jamais au gré des pensées du serpent.

– Qui est Nag? dit-il. C'est moi, Nag. Le grand dieu Brahma apposa sa marque sur toute notre gent le jour où le premier cobra déploya son capuchon pour épargner à Brahma dans son sommeil les rigueurs du soleil. Regarde et tremble!

« Nous sommes très malheureux »,
dit Darzee.

Il donna à son capuchon la plus grande envergure possible et Rikki-tikki vit à l'arrière la marque des lunettes qui ressemble exactement à la partie femelle d'une agrafe. Elle eut peur sur le coup; mais il est impossible à une mangouste d'avoir peur longtemps; Rikki-tikki n'avait certes jamais encore rencontré de cobra vivant, mais sa mère l'avait nourrie de cobras morts, et elle n'ignorait pas que la grande affaire de la vie d'une mangouste adulte, c'est de s'attaquer aux serpents, de les vaincre et de les manger. Nag le savait aussi, et dans le tréfonds de son cœur glacé, il avait peur.

– Eh bien, dit Rikki-tikki, dont la queue se remit à bouffer, marques ou pas, pensez-vous avoir le droit de manger les oisillons tombés du nid?

Nag réfléchissait, à l'affût du moindre petit mouvement dans l'herbe derrière Rikki-tikki. Il savait qu'une mangouste dans le jardin signifiait, tôt ou tard, la mort pour lui-même et les siens; mais il voulait tromper la vigilance de Rikki-tikki. Aussi baissa-t-il un peu la tête et la pencha-t-il de côté.

– Eh bien, parlons, dit-il. Vous mangez des œufs. Pourquoi ne mangerais-je pas des oiseaux?

– Derrière toi! Attention derrière toi! chanta Darzee.

Rikki-tikki était trop avisée pour perdre son temps à écarquiller les yeux. Elle sauta en l'air aussi haut qu'elle put, et juste au-dessous d'elle siffla comme une flèche la tête de Nagaina, la méchante femme de Nag. Elle s'était faufilée derrière Rikki-tikki pendant l'échange de paroles, dans l'intention d'en finir avec elle; son coup manqué, elle lança un sifflement féroce. Rikki-tikki retomba presque en travers du dos de Nagaina; une vieille mangouste aurait su que c'était le moment ou jamais de lui briser les reins d'un coup de dent; mais elle eut peur du terrible coup de fouet en retour du cobra. Elle mordit, certes, mais pas assez longtemps, et bondit hors de portée de la queue fouaillante, laissant Nagaina meurtrie et furieuse.

– Méchant, méchant Darzee! dit Nag en faisant tous ses efforts pour atteindre son nid dans le buisson d'épines, à grands coups de fouet! Mais Darzee l'avait construit hors de portée des serpents; et le nid ne fit qu'osciller de droite et de gauche.

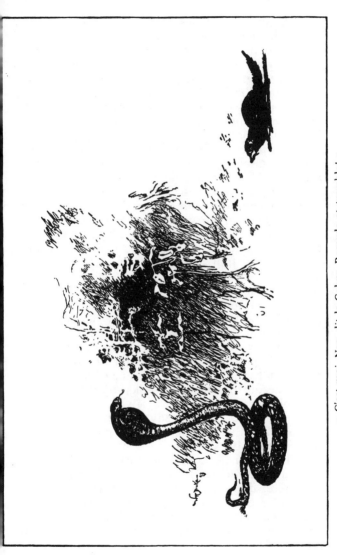

« C'est moi, Nag, dit le Cobra. Regarde et tremble ! ».
Mais dans le tréfonds de son cœur glacé, il avait peur.

Rikki-tikki sentit ses yeux rougeoyer et brûler (signe de colère, chez la mangouste); elle se campa sur sa queue et ses pattes arrière comme un petit kangourou, regarda tout autour d'elle, claquant des dents de rage. Mais Nag et Nagaina s'étaient volatilisés dans l'herbe. Quand un serpent manque son coup, il ne dit ni ne laisse jamais rien deviner de ses intentions immédiates. Rikki-tikki n'avait cure de les suivre, doutant de pouvoir venir à bout de deux serpents à la fois. Elle s'éloigna en trottinant vers l'allée de gravier près de la maison, puis s'assit pour réfléchir. C'était pour elle une affaire sérieuse.

Si vous consultez les vieux livres d'histoire naturelle, on vous dira que lorsqu'il arrive à la mangouste, dans son affrontement avec le serpent, de se faire mordre, elle détale pour aller manger une herbe qui la guérit. Ce n'est pas vrai. Œil prompt, pied prompt, tout le secret de la victoire est là – détente de serpent contre saut de mangouste –, et comme aucun œil n'est capable de suivre le mouvement de la tête d'un serpent lorsqu'elle frappe, toutes les herbes magiques ne sont rien au regard de ce prodige-là. Rikki-tikki avait conscience d'être une jeune mangouste : elle n'en fut que plus heureuse à la pensée d'avoir su éviter un coup asséné par-derrière. Elle y puisa confiance en soi; et quand Teddy accourut dans l'allée, Rikki-tikki était prête à recevoir les caresses.

Mais à l'instant où Teddy se penchait, un léger tressaillement se produisit dans la poussière et une toute petite voix dit :

– Prenez garde. Je suis la mort!

C'était **Karait**, le serpenteau brun couleur de poussière, dont l'aire de prédilection est la terre pulvérulente, et dont la morsure est aussi dangereuse que celle du cobra. Mais il est si petit que personne ne s'en soucie, ce qui le rend d'autant plus redoutable.

De nouveau, les yeux de Rikki-tikki rougeoyèrent;

Elle sauta en l'air, et juste au-dessous d'elle siffla comme une flèche la tête de Nagaina.

elle se retourna vers Karait, avec ce balancement et cette oscillation particuliers hérités de sa famille. Danse d'apparence très comique, mais si parfaitement équilibrée qu'elle autorise tous les plus brusques changements de direction : avantage appréciable lorsqu'on est aux prises avec les serpents. A son insu, Rikki-tikki livrait là un combat bien plus dangereux qu'avec Nag; en effet, Karait est si petit, peut se retourner si rapidement, qu'à moins de le mordre tout près de la nuque, Rikki s'exposait à un coup en retour à l'œil ou à la lèvre. Mais Rikki ne savait pas : les yeux tout rouges, elle se balançait d'arrière en avant, cherchant la bonne prise. Karait attaqua. Rikki sauta de côté et tenta de courir sus; mais la malfaisante petite tête grise couleur de poussière cingla si près de son épaule qu'elle dut bondir par-dessus le corps, la tête de Karait à un cheveu des talons de Rikki.

Teddy cria en direction de la maison :

– Oh, venez voir! Notre mangouste est en train de tuer un serpent.

Rikki-tikki entendit la mère pousser un cri. Le père accourut avec un bâton; mais le temps d'arriver, Karait avait attaqué, visé trop loin, Rikki-tikki avait bondi, sauté sur le dos du serpent, dardé sa tête loin entre ses pattes de devant, mordu aussi près que possible de la nuque et déguerpi en roulé-boulé. La morsure paralysa Karait. Rikki-tikki s'apprêtait à le dévorer en commençant par la queue, selon la coutume de sa famille au dîner, quand elle se souvint qu'à repas copieux, mangouste alourdie, et que si elle voulait disposer à tout moment de toute sa force et de toute son agilité, elle devait rester légère.

Elle s'en fut prendre un bain de poussière sous les buissons de ricins, tandis que le père de Teddy frappait le cadavre de Karait. « A quoi cela sert-il?, pensa Rikki-tikki. J'ai tout réglé. » Sur ce, la mère de Teddy la prit dans la poussière, l'étreignit, disant dans ses larmes qu'elle avait sauvé Teddy de la mort; le père de Teddy la qualifia de providence; Teddy observa la scène avec de grands yeux effarés. Toute cette agitation, à laquelle, naturellement, elle ne comprenait goutte, Rikki-tikki s'en amusait plutôt; la mère de Teddy aurait tout aussi bien pu câliner l'enfant pour avoir joué dans la poussière. Rikki vivait des minutes de complète euphorie.

Dans l'obscurité, elle se heurta à Chuchundra, le rat musqué.

Ce soir-là, au dîner, circulant à sa guise parmi les verres sur la table, elle aurait pu se bourrer de bonnes choses trois fois d'affilée; mais la pensée de Nag et Nagaina ne la quittait pas; c'était certes délicieux d'être caressée et câlinée par la mère de Teddy, de se percher sur l'épaule de Teddy : mais de temps en temps, les yeux de Rikki rougeoyaient, et elle lançait son long cri de guerre. « *Rikki, tikk-tikki-tikki-tchk!* »

Teddy l'emporta au lit et insista pour qu'elle dormît sous son menton. Trop bien élevée pour mordre ou égratigner, Rikki-tikki, aussitôt Teddy endormi, partit faire sa ronde de nuit autour de la maison; dans l'obscurité, elle se heurta à Chuchundra, le rat musqué, qui se faufilait le long du mur. Chuchundra est une petite bête au cœur brisé. Il passa sa nuit à pleurnicher et à couiner, dans un effort, toujours vain, pour se décider à courir au milieu de la pièce.

– Ne me tue pas, dit Chuchundra, au bord des larmes. Rikki-tikki, ne me tue pas!

– Crois-tu qu'un tueur de serpents tue des rats musqués? dit Rikki-tikki sur un ton de mépris.

– Qui a tué des serpents périra par les serpents, dit Chuchundra, plus chagrin que jamais. Et comment être sûr que Nag ne va pas me confondre avec toi, par quelque nuit noire?

– Absolument exclu, dit Rikki-tikki; mais Nag est dans le jardin, et je sais que tu n'y vas pas.

– Mon cousin Chua, le rat, m'a raconté... commença Chuchundra; puis il s'arrêta net.

– Raconté quoi?

– Chut! Nag est partout, Rikki-tikki. Tu aurais dû avoir une conversation avec Chua, dans le jardin.

– Je ne l'ai pas fait – tu dois donc m'expliquer. Fais vite, Chuchundra, ou je vais te mordre!

Chuchundra s'assit et pleura tant que les larmes lui coulèrent le long des moustaches.

– Je suis un pauvre malheureux, dit-il dans un sanglot. Je n'ai jamais eu le courage de m'aventurer au milieu de la pièce. Chut! Inutile de raconter; n'entends-tu pas, Rikki-tikki?

Rikki-tikki prêta l'oreille. La maison était plongée dans le plus grand silence, mais elle crut percevoir le grattouillis le plus ténu du monde, aussi léger que celui d'une guêpe marchant sur une vitre, le crissement sec des écailles d'un serpent sur la brique.

– C'est Nag ou Nagaina, qui s'insinue dans le conduit de la salle de bains, se dit-elle. Tu as raison, Chuchundra, j'aurais dû parler à Chua.

Elle se faufila dans la salle de bains de Teddy, sans y rien trouver, puis dans celle de la mère de Teddy. Au bas de la cloison crépie de plâtre lisse, on avait enlevé une brique pour le passage d'une conduite d'amenée d'eau, et au moment où Rikki-tikki s'infiltrait par la bordure en maçonnerie où s'encastrait la baignoire, elle entendit Nag et Nagaina chuchoter au clair de lune.

Quand la maison sera vidée de ses habitants, disait Nagaina à son époux, il faudra bien qu'elle s'en aille et nous aurons à nouveau la pleine jouissance du jardin. Entre sans bruit et rappelle-toi que la première personne à mordre, c'est le gros homme qui a tué Karait. Ressors ensuite pour me tenir au courant, et nous ferons ensemble la chasse à Rikki-tikki.

– Mais es-tu certaine qu'il y a quelque chose à gagner à tuer les gens? demanda Nag.

– Tout à gagner. Quand le bungalow était inoccupé, avions-nous une mangouste dans le jardin? Tant que le bungalow reste vide, nous sommes roi et reine du jardin. Et n'oublie pas que dès l'éclosion de nos œufs dans le carré de melons, demain, peut-être, nos enfants auront besoin de place et de paix.

– Je n'y avais pas songé, dit Nag. J'y vais; mais faire ensuite la chasse à Rikki-tikki me paraît inutile. Je tuerai le gros homme et sa femme, l'enfant si je peux; puis je m'éloignerai sans bruit. Le bungalow se trouvera vide et Rikki-tikki s'en ira.

A ces mots, Rikki-tikki brûla tout entière de rage et de haine. La tête de Nag surgit par le conduit, suivie des cinq pieds de son corps glacé. Malgré sa colère, Rikki-tikki fut saisie de peur à la vue de la taille du grand cobra. Nag se lova, dressa la tête et scruta la salle de bains dans l'obscurité; Rikki-tikki vit ses yeux scintiller.

– Bon, si je le tue ici, Nagaina le saura; et si je l'affronte au beau milieu du plancher, il est favorisé. Que faire? dit Rikki-tikki-tavi.

Nag ondula de-ci, de-là. Puis Rikki-tikki l'entendit boire au grand broc qui servait à remplir la baignoire.

– Parfait, dit le serpent. Voyons, lorsque Karait fut tué, le gros homme avait un bâton. Peut-être l'a-t-il encore; mais pour prendre son bain, demain matin, il viendra sans bâton. Je l'attendrai ici. Nagaina – m'entends-tu? –, je vais attendre ici, au frais, jusqu'au jour.

Aucune réponse ne vint de dehors. Rikki-tikki en conclut que Nagaina était partie. Nag se lova sur lui-même, anneau par anneau, autour de la panse du broc; Rikki-tikki se figea dans une immobilité de mort. Au bout d'une heure, elle entreprit d'avancer, muscle par muscle, vers le broc. Nag était endormi; considérant son large dos, Rikki-tikki cherchait à déceler l'endroit idéal pour une bonne prise. « Si je ne lui brise pas les reins au premier saut, il n'est pas hors de combat; et dans ce cas, pauvre Rikki! » Son regard se porta sur l'épaisseur du cou, au-dessous du capuchon; non, c'était trop pour elle; d'autre part, une morsure près de la queue ne ferait que mettre Nag en fureur.

– Il faut que ce soit à la tête, dit-elle enfin. A la tête au-dessus du capuchon; quand je l'aurai harponné à cet endroit, il ne faudra plus le lâcher.

Sur ce, elle sauta. La tête reposait légèrement à l'écart du broc, sous la courbe de la panse; au moment où ses dents crochèrent, Rikki arc-bouta son dos contre la panse de la poterie en terre cuite pour clouer la tête au sol. Elle put ainsi, une brève seconde, assurer sa prise, et elle y mit toute son ardeur. Après quoi, elle essuya un déluge de coups, de droite et de gauche – comme un rat secoué par un chien — d'avant en arrière sur le plancher, de haut en bas, en larges cercles dans les airs ; mais, les yeux injectés, elle tenait bon, tandis que le corps cinglait le sol comme un fouet de charretier, renversant la louche d'étain, le porte-savon, la brosse à frictions, et cognait contre le flanc en fer-blanc de la baignoire. Elle tenait toujours et resserrait même de plus en plus l'étau de ses mâchoires, certaine d'être rouée à mort, et préférant, pour l'honneur de sa famille, qu'on la trouvât les dents verrouillées sur sa proie. Moulue, malade de vertige, bientôt disloquée à force de secousses : soudain, juste derrière elle, comme un coup de tonnerre, un souffle brûlant l'assomma, une flamme rouge lui roussit le poil. Le gros homme, réveillé par le bruit, avait vidé les deux canons de son fusil sur Nag, juste derrière le capuchon.

Rikki-tikki tenait toujours les yeux clos, dans l'absolue certitude d'être morte, à présent ; mais la tête avait cessé de bouger ; le gros homme recueillit Rikki-tikki et dit : « C'est encore la mangouste, Alice ; c'est notre vie que cette petite bestiole a sauvée, cette fois. » Alors, le visage tout blanc, la mère de Teddy entra dans la pièce et vit la dépouille de Nag ; Rikki-tikki se traîna jusque dans la chambre de Teddy et passa la moitié de son temps, le reste de la nuit, à se secouer avec sollicitude pour déceler si elle était réellement brisée en quarante morceaux, comme elle se le figurait.

Au matin, elle était toute raide, mais fort satisfaite de ses hauts faits. « Maintenant, je dois régler son compte à Nagaina, elle sera pire que cinq Nag, et qui sait quand les œufs dont elle a parlé vont éclore. Bonté divine ! Il faut que j'aille voir Darzee », dit-elle.

Sans attendre le petit déjeuner, Rikki-tikki courut au buisson d'épines où Darzee chantait à gorge déployée un chant de triomphe. La nouvelle de la mort de Nag avait fait le tour du jardin, car le balayeur avait jeté le corps sur le fumier.

— Oh, sotte touffe de plumes ! dit Rikki-tikki avec colère. Est-ce le moment de chanter ?

— Nag est mort... est mort... est mort ! chanta Darzee. La valeureuse Rikki-tikki l'a saisi par la tête, et a tenu ferme. Le gros homme est arrivé avec le bâton qui fait pan ! et Nag est tombé en deux morceaux ! Il ne mangera plus jamais mes bébés.

— Tout cela n'est pas faux, mais où est Nagaina ? dit Rikki-tikki, jetant à la ronde un regard circonspect.

— Nagaina s'est montrée au conduit de la salle de bains pour appeler Nag, poursuivit Darzee, et Nag est sorti au bout d'un bâton — le balayeur l'a ramassé au bout d'un bâton et l'a jeté sur le fumier. Chantons la grande Rikki-tikki, Rikki-tikki aux yeux rouges ! Et derechef, Darzee s'égosilla.

— Si je pouvais atteindre ton nid, je flanquerais tous tes bébés dehors, dit Rikki-tikki. Tu n'as vraiment pas le sens de l'opportunité. Tu es plutôt en sûreté, là, dans ton nid ; mais ici, pour moi, c'est la guerre. Arrête de chanter une minute, Darzee.

— Pour l'amour de la grande, de la belle Rikki-tikki, je consens à me taire, dit Darzee. Qu'y a-t-il, ô Tueuse du terrible Nag ?

— Pour la troisième fois, où est Nagaina ?

— Sur le fumier, près des écuries, elle pleure la mort de Nag. Grande est Rikki-tikki aux blanches dents.

— Foin de mes blanches dents ! Saurais-tu par hasard où elle garde ses œufs ?

— Dans le carré des melons, du côté le plus proche du mur, à l'endroit où le soleil tape presque toute la journée, ça fait des semaines qu'elle les y a cachés.

— Et ça ne t'a jamais paru valoir la peine de me le dire ? Le côté le plus proche du mur, c'est bien ça ?

— Rikki-tikki, tu ne vas pas manger ses œufs ?

— Non, pas exactement. Toi, Darzee, si tu as un brin de bon sens, tu vas t'envoler vers les écuries, puis faire semblant d'avoir l'aile cassée et laisser Nagaina te donner la chasse jusqu'à ce buisson. Il me faut aller au carré de melons, et si j'y allais maintenant, elle me verrait.

Darzee était un brave petit écervelé, incapable d'abriter dans sa tête plus d'une idée à la fois; et le simple fait de savoir que les enfants de Nagaina naissaient dans des œufs, comme les siens, lui interdisait a priori d'estimer juste de les détruire. Mais sa femme, en oiseau raisonnable, savait qu'œuf de cobra signifie, un peu plus tard, jeune cobra; aussi s'envola-t-elle du nid, laissant à Darzee le soin de tenir chaud aux bébés et de reprendre sa chanson sur la mort de Nag. Un vrai homme, ce Darzee, par certains côtés.

Elle se mit à voleter près du fumier, sous le nez de Nagaina, en poussant des cris: « Oh, j'ai l'aile cassée! Le garçon de la maison m'a jeté une pierre et l'a cassée. » Et de voleter plus désespérément que jamais.

Nagaina dressa la tête et siffla:

— C'est toi qui alertas Rikki-tikki lorsque j'étais sur le point de la tuer. A la vérité vraie, tu as mal choisi ton endroit pour boiter.

Et se coulant sur la poussière, elle avança vers la femme de Darzee.

Celle-ci cria d'une voix perçante:

— Le garçon l'a cassée d'un coup de pierre!

— Eh bien, si cela peut te consoler quand tu seras morte, sache que je réglerai mes comptes avec le garçon. Mon époux gît sur le fumier, ce matin, mais, avant la nuit, le garçon de la maison sera un gisant très tranquille! A quoi bon te sauver? Je suis certaine de l'attraper. Petite sotte, regarde-moi!

La femme de Darzee était trop avisée pour obtempérer: en effet, pour un oiseau, la rencontre du regard d'un serpent est porteuse d'une telle peur qu'il reste cloué sur place. La femme de Darzee continua de voleter, pépiant à fendre l'âme, sans jamais décoller du sol, et Nagaina pressa l'allure.

Rikki-tikki les entendit remonter l'allée qui part

La femme de Darzee fait semblant d'avoir l'aile cassée.

des écuries ; elle gagna à toute allure l'extrémité du carré de melons, près du mur. Là, dans la chaude litière qui protégeait les melons, elle dénicha vingt-cinq œufs, fort habilement cachés, gros comme des œufs de poule naine, à peu de chose près, mais recouverts de peau blanchâtre en guise de coquille.

— Il était temps que j'arrive, dit-elle.

En effet, on voyait les bébés cobras enroulés, sous la membrane, et elle savait bien qu'à peine éclos, ils sont chacun capables de tuer son homme et sa mangouste. Elle arracha d'un coup de dent le bout des œufs, avec frénésie, prenant soin d'écraser les jeunes cobras, et retournant la litière de temps en temps pour le cas où elle en aurait oublié un. Il ne lui en restait que trois, elle commençait à glousser dans sa barbe quand, soudain, elle entendit la femme de Darzee crier à tue-tête :

— Rikki-tikki, j'ai attiré Nagaina du côté de la maison, elle est entrée sous la véranda et, oh, viens vite ! Elle est déterminée à tuer !

Le temps d'écraser deux œufs, de crapahuter dare dare hors du carré de melons en emportant le troisième dans sa gueule, et Rikki-tikki s'élança vers la véranda de toute la vitesse de ses pattes. Teddy, sa mère et son père étaient là, devant leur petit déjeuner. Mais Rikki-tikki remarqua qu'ils ne mangeaient rien. Ils se tenaient figés dans une immobilité de pierre, le visage blanc. Nagaina était lovée sur la natte près de la chaise de Teddy, à distance commode pour atteindre la jambe nue du garçon, et oscillait de-ci, de-là, au rythme d'un chant de triomphe.

— Fils du gros homme meurtrier de Nag, siflla-t-elle, plus un geste. Je ne suis pas encore prête. Attends un peu. Restez bien immobiles tous trois. Si vous bougez, je frappe ; si vous ne bougez pas, je frappe. Oh, insensés, qui avez tué mon Nag !

Teddy avait les yeux braqués sur son père, qui en était réduit à murmurer : « Reste assis, Teddy. Il ne faut pas bouger. Teddy, reste tranquille. »

C'est alors que Rikki-tikki entra en criant :

— Demi-tour, Nagaina ; retourne-toi et en garde !

— Chaque chose en son temps, dit-elle sans détourner son regard. Je réglerai mon compte avec toi aussi sans tarder. Regarde tes amis, Rikki-tikki. Immobiles et blancs : ils sont terrorisés. Ils n'osent pas bouger ; si tu avances d'un pas, je frappe.

— Va regarder tes œufs ? dans le carré de melons, près du mur, dit Rikki-tikki, Va voir, Nagaina.

Le grand serpent, amorçant un demi-tour, vit l'œuf sur le sol de la véranda.

— Ah, ah ! Donne-le-moi, dit-elle.

Les yeux injectés de sang, Rikki-tikki coinça résolument l'œuf entre ses deux pattes de devant.

— Quel prix pour un œuf de serpent ? Pour un jeune cobra ? Pour un jeune cobra royal ? Pour le dernier, tout dernier, de la couvée ? Les fourmis sont en train de manger tous les autres, là-bas près du carré de melons.

Nagaina pivota sur elle-même, oubliant tout pour le salut de l'œuf unique ; et Rikki-tikki vit le père de Teddy darder une large main, saisir Teddy par l'épaule et l'entraîner de l'autre côté de la petite table avec les tasses à thé, à l'abri et hors de portée de Nagaina.

— Roulée ! Roulée ! Roulée ! *Rikk-tck-tck !* gloussa Rikki-tikki. L'enfant est sain et sauf, et c'est moi, moi, moi, qui saisis Nag par le capuchon, la nuit dernière, dans la salle de bains. Puis elle se mit à sauter de tous côtés, des quatre pattes à la fois, la tête au ras du sol. « Il m'a projetée de côté et d'autre, mais n'a pu me faire lâcher prise. Il était déjà mort quand le gros homme l'a coupé en deux. Ce fut mon œuvre. *Rikki-tikki-tck-tck* ! Allez, par ici, Nagaina. Viens te battre avec moi. Tu ne resteras pas veuve longtemps. »

Nagaina comprit qu'elle avait perdu toute chance de tuer Teddy ; et l'œuf était là, entre les pattes de Rikki-tikki.

— Donne-moi l'œuf, Rikki-tikki, Donne-moi le dernier de mes œufs et je m'en irai pour ne jamais revenir, dit-elle en abaissant son capuchon.

— C'est bien ça, tu t'en iras et jamais ne reviendras ; car tu iras sur le fumier rejoindre Nag. En garde, la veuve ! Le gros homme est allé chercher son fusil ! En garde !

Rikki-tikki bondissait tout autour de Nagaina, tout juste hors de portée des

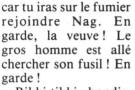

coups, ses petits yeux comme des charbons ardents. Nagaina se ramassa et se jeta sur elle. Rikki-tikki fit un saut en arrière. Mainte et mainte fois elle frappa, à chaque fois sa tête venait buter avec un claquement sur la natte de la véranda, et elle se ramassait comme un ressort de montre. Puis Rikki-tikki se trémoussa en cercle pour passer derrière elle, et Nagaina virevolta pour rester face à face avec elle, de

Nagaina fila dans l'allée comme une flèche, Rikki-tikki à sa suite.

147

sorte que le bruissement de sa queue sur la natte évoquait des feuilles sèches balayées par le vent.

Rikki-tikki avait oublié l'œuf, toujours à terre sous la véranda ; Nagaina s'en approchait par degrés ; elle finit par le saisir dans sa gueule, déguerpit vers les marches de la véranda, fila dans l'allée comme une flèche, Rikki-tikki à sa suite. En cas de sauve-qui-peut, le cobra a la vitesse d'un coup de fouet assené sur l'encolure d'un cheval.

Rikki-tikki savait qu'il fallait l'attraper ; sous peine de tout devoir recommencer. Nagaina filait droit vers l'herbe longue près du buisson d'épines et, tout en courant, Rikki-tikki entendit Darzee toujours occupé à gazouiller son absurde chansonnette de triomphe. Mais la femme de Darzee, plus raisonnable, quitta le nid en voyant arriver Nagaina et se mit à battre des ailes autour de sa tête. Avec l'aide de Darzee, ils auraient pu, à eux deux, la détourner, mais Nagaina se contenta d'abaisser son capuchon et poursuivit sa route. Malgré tout, ce bref délai permit à Rikki-tikki de la rattraper, et comme elle s'engouffrait dans le trou de rat où elle et Nag avaient coutume de vivre, les petites dents blanches se refermèrent sur sa queue, et Rikki-tikki descendit avec elle. Or, très peu de mangoustes, pour sages et chargées d'ans qu'elles soient, se soucient de suivre un cobra dans son trou. Il faisait noir dans le trou, et s'il allait s'élargir et permettre à Nagaina de se retourner et de frapper ? Elle crochait dur, férocement, toutes griffes plantées dans la chaude terre moite pour faire office de freins sur la pente obscure.

Quand l'herbe autour de l'ouverture cessa d'ondoyer, Darzee s'écria :

— C'en est fini de Rikki-tikki ! Nous devons entonner son chant de mort. La valeureuse Rikki-tikki est morte ! Oui, Nagaina, sous terre, la tuera sûrement.

Et de se lancer dans une très lugubre mélopée, improvisée sur l'instant ; elle en arrivait à l'endroit le plus poignant quand soudain l'herbe frissonna de nouveau ; couverte de poussière, Rikki-tikki se traîna hors du trou, patte après patte, en se léchant les moustaches. Darzee s'arrêta net avec un petit cri. Secouant un peu la poussière qui souillait sa fourrure, Rikki-tikki éternua et dit :

– C'en est fini. La veuve ne ressortira plus jamais.

A cette nouvelle, les fourmis rouges qui demeurent entre les touffes d'herbe commencèrent à se former en longues processions pour voir si elle avait dit vrai.

Rikki-tikki se pelotonna dans l'herbe et s'endormit sur place. Elle dormit, dormit, jusqu'à une heure avancée de l'après-midi, car elle avait fait une dure journée de travail.

« C'en est fini. »

– A présent, dit-elle quand elle s'éveilla, je vais retourner à la maison. Annonce au chaudronnier, Darzee, que Nagaina est morte et il en avertira tout le jardin.

Le chaudronnier est un oiseau qui fait un bruit en

149

tout point semblable à celui d'un petit marteau frappant un pot de cuivre ; et s'il le fait toujours, c'est qu'il est le crieur public de tout jardin indien, porteur de toutes les nouvelles à tous ceux qui veulent bien écouter. En remontant l'allée, Rikki-tikki entendit son « Oyez ! Oyez ! », telle une minuscule clochette du dîner ; puis, régulier, le « Ding-dong-tock »*. A cette nouvelle, tous les oiseaux du jardin se mirent à chanter, toutes les grenouilles à coasser : en effet, Nag et Nagaina avaient coutume de manger les grenouilles aussi bien que les petits oiseaux.

Quand Rikki atteignit la maison, Teddy, la mère de Teddy (très pâle encore, car elle s'était évanouie), et le père de Teddy sortirent pour l'accueillir, retenant à grand-peine leurs larmes. Ce soir-là, elle mangea tout ce qu'on lui donna à satiété, et s'endormit sur l'épaule de Teddy, où la trouva la mère de Teddy en venant faire sa dernière ronde nocturne.

— Elle nous a sauvé la vie, et celle de Teddy, dit-elle à son mari. Rends-toi compte, elle nous a sauvé la vie à tous !

Rikki-tikki se réveilla en sursaut, ayant le sommeil léger, comme toutes les mangoustes.

— Ah, c'est vous, dit-elle. Pourquoi vous tracasser ? Tous les cobras sont morts. Sinon, je suis là.

Fière d'elle-même, Rikki-tikki était en droit de l'être ; mais elle ne dépassa pas les bornes ; elle garda le jardin, en vraie mangouste, dent, saut, bond, morsure à son service, si bien que jamais cobra n'osa montrer la tête dans l'enceinte des murs.

* « Nag est mort — *dong* ! Nagaina est mort — *Ding-dong-tock* ! »

LA PSALMODIE DE DARZEE

(Chantée en l'honneur de Rikki-tikki-tavi.)

Chanteur je suis, et puis tailleur –
Je connais donc double bonheur.
Fier de mon rythme lancé partout,
Fier de la maison que je couds.
Dessus et dessous, ainsi tissé-je ma musique – ainsi,
La maison que je couds.

Chante à tes petits, ô chante,
Mère, lève la tête encore!
Terrassé le mal qui nous tourmente,
Morte en ce jardin est la Mort.
Anéanti, l'effroi, naguère sous les roses caché.
Jeté sur le fumier, bien mort.
Qui nous a délivrés, qui?
Dites-moi son nid et son nom.
La fidèle, la valeureuse Rikki,
Tikki à la prunelle de tisons?
Rikki-tikki-tikki à la denture d'ivoire, la chasseresse
A la prunelle de tisons.

Donnez-lui les Mercis des Oiseaux
Avec les pennes de leur queue déployés!
Empruntez au Rossignol des mots –
Non, moi-même la louangerai.

(Sur l'interruption de Rikki, le reste de la psalmodie est perdu.)

TOOMAI DES ÉLÉPHANTS

Je ne veux plus ignorer qui je fus. Je suis las de la corde
[et de la chaîne.
Je ne veux plus ignorer ma vigueur ancienne, ma forêt
[et toutes ses affaires.
Je ne veux plus, pour une gerbe de canne à sucre, vendre
[mon dos à la race humaine.
Je veux retourner près des miens, et aux hôtes des forêts
[dans leurs repaires.

Je veux m'en aller jusqu'au point du jour, jusqu'au matin
[nouveau.
Rencontrer le pur baiser des vents, la limpide caresse
[des eaux :
Je veux oublier mon anneau de cheville, casser net
[mon piquet.
Je veux revoir mes amours perdues et mes compagnons
[de jeux, à nul maître liés!

Kala Nag – autrement dit, Serpent Noir – avait
servi le Gouvernement de l'Inde de toutes les
manières imaginables pour un éléphant, pendant
quarante-sept années; et comme il avait largement

vingt ans lors de sa capture, cela lui fait aujourd'hui à peu près soixante-dix ans – âge mûr pour un éléphant. Il se souvenait d'avoir poussé, le front ceint d'un gros bourrelet de cuir, pour dégager un canon profondément enlisé dans la boue, avant la guerre afghane de 1842 (21), avant qu'il ait atteint l'apogée de sa force. Radha Pyari, sa mère – Radha La Favorite –, capturée au cours de la même battue que Kala Nag, lui avait appris, avant la chute de ses petites défenses de lait, que la peur, chez l'éléphant, amène toujours le malheur : bonne maxime, Kala Nag l'apprit à ses dépens, car la première fois qu'il vit un obus éclater, il recula en hurlant dans une rangée de fusils formés en faisceaux, et les baïonnettes le piquèrent dans tous les endroits les plus sensibles de son corps. Aussi, avant même ses vingt-cinq ans, renonça-t-il à la peur, et devint-il, de ce fait, l'éléphant le plus choyé et le mieux soigné au service du Gouvernement de l'Inde. Il avait transporté des tentes, un fardeau de douze cents livres, pendant la marche à travers la Haute-Inde; il avait été hissé à bord d'un navire, au bout d'une grue à vapeur, et après des jours et des jours de traversée, on lui avait fait porter un mortier sur le dos, dans un pays étrange et rocailleux, très loin de l'Inde; il avait vu l'Empereur Théodore étendu mort à Magdala (22); et il s'en était revenu au pays, par le vapeur, méritant largement, au dire des soldats, la médaille de la Guerre d'Abyssinie. Dix ans plus tard, il avait vu ses semblables mourir de froid, d'épilepsie, de faim, et d'insolation dans un endroit appelé Ali Musjid; après cela, on l'avait envoyé à des centaines de milles au sud pour traîner et empiler de grosses billes de teck, aux chantiers de Moulmein (23). Il y avait à moitié tué un jeune éléphant indiscipliné qui esquivait sa juste part de la besogne.

Après cet incident, enlevé au charriage des bois de charpente, on l'avait employé avec quelques

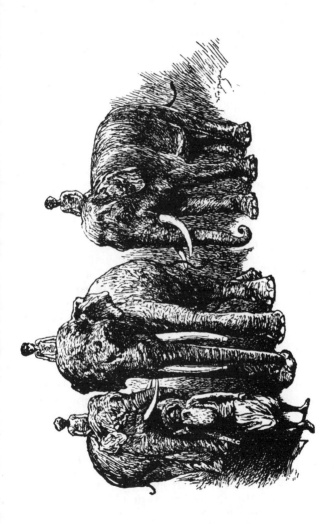

douzaines de compagnons dressés à cet effet, à participer à la capture des éléphants sauvages dans les montagnes de Garo (24). Les éléphants sont très rigoureusement protégés par le Gouvernement de l'Inde. Un service tout entier se consacre à les chasser, les capturer, les dompter et les répartir d'un bout à l'autre du pays, selon les besoins et les tâches.

Du sol aux épaules, Kala Nag mesurait dix bons pieds : on lui avait rogné les défenses à cinq pieds, et pour les empêcher de se fendre, on en avait renforcé l'extrémité de bandages de cuivre; mais avec ces chicots, il pouvait en remontrer à n'importe quel éléphant non dressé avec ses défenses intactes et affilées.

Quand, au bout d'interminables semaines passées à rabattre en toute prudence les éléphants épars dans les montagnes, les quarante ou cinquante monstres sauvages étaient parqués dans la dernière palissade, et que la grosse herse, faite de troncs d'arbres solidement liés, se refermait sur eux avec fracas, Kala Nag, au commandement, pénétrait dans ce charivari de flambées de colère et de barrissements – besogne nocturne, le plus souvent, l'évaluation des distances rendue malaisée à la lumière vacillante des torches; il choisissait le mâle adulte le plus imposant et le plus farouche de la cohue, et s'employait à le réduire au calme à force de matraquages et de bousculades, cependant que les hommes, juchés sur le dos des autres éléphants, prenaient au lasso les plus petits et les attachaient.

L'art du combat n'avait aucun secret pour Kala Nag, le vieux et sage Serpent Noir : mainte fois, dans son temps, il avait soutenu la charge du tigre blessé; enroulant sa trompe vulnérable pour la mettre à l'abri, il avait frappé de plein fouet la brute bondissante, d'un rapide mouvement de tête latéral en coup de faucille, sa botte secrète; il l'avait terrassée et avait pesé sur elle de tout le poids de ses genoux énormes jusqu'à son dernier souffle, qu'elle rendit avec un râle rauque; cela fait, il ne resta plus sur le sol qu'une pauvre chose rayée et pelucheuse, à tirer par la queue.

– Oui, dit Grand Toomai, son cornac, fils de Toomai le Noir qui l'avait mené en Abyssinie, et petit-fils de Toomai des Eléphants qui avait assisté à sa capture. Serpent Noir ne craint rien au monde, excepté moi. Il a vu trois générations de notre famille le nourrir et le panser et il vivra pour en voir quatre.

– De moi aussi, il a peur, dit Petit Toomai se dressant de toute sa taille.

Il mesurait quatre pieds – vêtu d'un simple lambeau d'étoffe. Il avait dix ans. Suivant la coutume, en qualité de fils aîné de Grand Toomai, il remplacerait son père sur le cou de Kala Nag, à l'âge adulte, et manierait le lourd ankus de fer, l'aiguillon des éléphants que les mains de son père, de son grand-père et de son aïeul avaient poli. Il était dans son élément : en effet, né à l'ombre de Kala Nag, il avait joué avec le bout de sa trompe avant de savoir marcher, et l'avait mené à l'eau dès qu'il avait su marcher; et loin de Kala Nag la pensée de désobéir à ses petits ordres perçants, et aussi loin, celle de le tuer le jour où Grand Toomai lui présentant, juste sous ses défenses, le petit bébé brun qu'il portait dans ses bras, lui avait demandé de saluer son futur maître.

– Oui, dit Petit Toomai, il a peur de moi. Et il marcha à longues enjambées vers Kala Nag, le traita de gros vieux verrat et l'obligea à lever ses pattes l'une après l'autre.

– Ouah! dit Petit Toomai, tu es un gros éléphant. Et hochant sa tête ébouriffée, il répéta les propos de son père : « Le Gouvernement peut bien payer les éléphants, mais c'est à nous, mahouts (25), qu'ils appartiennent. Quant tu seras vieux, Kala Nag, il viendra quelque riche Rajah, qui t'achètera au Gou-

« Il a peur de moi », dit Petit Toomai, et il obligea Kala Nag à lever ses pattes l'une après l'autre.

vernement, en raison de ta taille et de tes manières; alors, tu n'auras plus rien à faire qu'à porter des anneaux d'or à tes oreilles, un dais d'or sur ton dos, un drap rouge recouvert d'or sur tes flancs, et à marcher en tête des cortèges royaux. Alors, je siègerai sur ton dos, ô Kala Nag, un ankus d'argent à la main et des hommes munis de bâtons dorés courront devant nous au cri de « Place à l'Eléphant du Roi! ». Ce sera bel et bon, Kala Nag, mais moins que nos chasses dans les jungles. »

– Bah! dit Grand Toomai. Tu es encore petit, et aussi sauvage qu'un jeune buffle. Cette perpétuelle errance parmi les montagnes n'est pas le meilleur dans le service du Gouvernement. Je me fais vieux et je n'aime pas les éléphants sauvages. Je voudrais des rangées de stalles à éléphants, en brique, à raison d'une par bête, de solides pieux pour les attacher en toute sûreté, et de larges routes plates pour l'exercice, au lieu de ce nomadisme. Ah, les casernes de Cawnpore (26) avaient du bon. A proximité d'un bazar, et pas plus de trois heures de travail par jour.

A l'évocation des lignes à éléphants de Cawnpore, Petit Toomai ne dit mot. Il préférait de beaucoup la vie de camp; il les détestait, ces larges routes plates, la corvée de foin quotidienne, dans la réserve de fourrage, et les longues heures d'oisiveté complète à suivre des yeux l'agitation nerveuse de Kala Nag entre ses piquets.

Lui, il aimait les grimpades par des pistes accessibles aux seuls éléphants; les plongeons dans la vallée; les visions fugitives des éléphants sauvages pâturant à des milles au loin; le sauve-qui-peut du sanglier et du paon sous les pas de Kala Nag; les chaudes pluies aveuglantes où collines et plaines, tout se noyait de fumées; les beaux matins vaporeux, où l'on ignorait tout du campement du soir; la poursuite inlassable et patiente des éléphants sauvages, et la course folle, le flamboiement et le charivari de la dernière nuit quand, déversés en masse à l'intérieur de la palissade, comme rochers dans un éboulement, ils découvraient l'impossibilité de fuir, et se lançaient sur les poteaux massifs pour être en fin de compte refoulés par des cris, des torches flamboyantes et des salves de cartouches à blanc.

En cette circonstance, même un petit garçon pouvait se rendre utile et Toomai à lui seul en valait bien trois. Il brandissait sa torche et l'agitait en vociférant comme pas un. Mais la belle vie, c'est quand on commençait à faire sortir les éléphants : le keddah – autrement dit, la palissade – ressemblait alors à un tableau de fin du monde; les hommes, ne pouvant plus s'entendre, étaient obligés de communiquer par signes. C'est alors que Petit Toomai, tel un lutin dans la lumière des torches, ses cheveux bruns décolorés par le soleil flottant sur ses épaules, grimpait en haut d'un des pieux branlants de la palissade; et à la moindre accalmie, on entendait ses cris aigus d'encouragement à l'adresse de Kala Nag dominant les barrissements, le fracas, le claquement des cordes et les grondements des éléphants entravés. « Maîl, maîl, Kala Nag! (Vas-y, vas-y, Serpent Noir!). Dant do! (Un bon coup de défense!) Somalo! Somalo! (Attention! Attention!) Maro! Mar! (Frappe-le! Frappe!) Prends garde au pieu! Arré! Arré! Hai! Yai! Kya-a- ah! » criait-il. Et le grand combat entre Kala Nag et l'éléphant sauvage se déroulait en tout point du keddah; et les vieux preneurs d'éléphants essuyaient la sueur qui leur brûlait les yeux, trouvant le temps d'adresser un signe de tête à Petit Toomai, tout frétillant de joie en haut de son pieu.

Il ne se borna pas à frétiller. Une nuit, se laissant glisser de son pieu, il se faufila parmi les éléphants et ramassant à terre le bout libre d'une corde, la jeta prestement à un conducteur qui essayait d'entraver la patte d'un éléphanteau rebelle (les jeunes animaux donnent toujours plus de mal que les adultes). Kala Nag le vit, le saisit dans sa trompe et le tendit à Grand Toomai qui le gifla sans barguigner et le remit sur son poteau.

Le lendemain matin, il le morigéna :

– De bonnes lignes à éléphants, en brique, et un peu de portage des tentes, n'est-ce pas suffisant, qu'il te faille par-dessus le marché te mêler de capturer les éléphants, petit propre à rien? Voilà, ces stupides chasseurs, dont la paye ne vaut pas la mienne, ont rapporté l'affaire à Sahib Petersen.

Petit Toomai eut peur. Il ne savait pas grand-chose des blancs, mais pour lui, Sahib Petersen était le plus grand homme blanc du monde. Chef de toutes les opérations dans le keddah, il était l'homme qui prenait tous les éléphants pour le Gouvernement de l'Inde et il en savait plus long que personne au monde sur les mœurs des éléphants.

– Que... que va-t-il arriver? dit Petit Toomai.

– Ah, ouiche! Mais le pire peut arriver. Sahib Petersen est un fou. Sinon, pourquoi irait-il chasser ces démons sauvages? Il peut même te contraindre à devenir chasseur d'éléphants, à dormir n'importe où dans ces jungles saturées de fièvres, pour finir un jour piétiné dans le keddah. Il est heureux que cette sotte histoire se termine sans accident. La semaine prochaine, l'équipée de capture sera terminée et nous, gens des plaines, serons renvoyés à nos postes. Alors, marchant au pas sur des routes unies, nous perdrons le souvenir de ces battues. Mais, fils, je suis fâché que tu te sois mêlé de cette besogne : elle appartient aux Assamis, cette sale engeance de jungle. Kala Nag n'obtempère qu'à mes ordres, aussi dois-je aller avec lui dans le keddah; mais c'est un éléphant de combat, il ne s'abaisse pas à participer aux séances d'encordage. C'est pourquoi je reste assis à mon aise, en digne cornac – autre chose qu'un vulgaire chasseur –, en vrai cornac, dis-je, en homme qui touche une pension à la fin de son service. La famille de Toomai des Eléphants va-t-elle se faire fouler aux pieds dans la crotte d'un keddah? Méchant! Vilain! Fils indigne! Va-t'en laver Kala Nag, lui soigner les oreilles et vérifier qu'il n'a pas d'épines dans les pattes; sinon, Sahib Petersen t'attrapera, à coup sûr, et fera de toi un chasseur sauvage, un pisteur de traces, un ours de jungle. Pouah! Fi donc! Va!

Petit Toomai déguerpit sans piper mot; mais tous ses griefs, il les conta à Kala Nag, tout en examinant ses pattes.

– Ça ne fait rien, dit Petit Toomai en lui retournant le bord de son énorme oreille droite. Ils ont dit mon nom à Sahib Petersen, et qui sait? – peut-être... peut-être... Aïe! La grosse épine que je viens de t'enlever!

On passa les quelques jours suivants à rassembler les éléphants; à promener les nouvelles captures entre deux éléphants apprivoisés pour éviter trop d'ennuis avec eux au cours de la descente vers les plaines; à faire le point des couvertures, cordages, objets divers, usés ou perdus dans la forêt.

Sahib Petersen arriva sur son astucieuse Pudmini. Il revenait de donner leur compte à d'autres camps dans les montagnes, car la saison tirait à sa fin; à présent, un commis indigène, assis à une table sous un arbre, s'occupait de donner leurs gages aux cornacs. Une fois payé, chaque homme retournait à son éléphant et rejoignait la colonne prête à partir – captureurs, chasseurs, rabatteurs, hommes du keddah permanent, qui restent dans la jungle année après année, assis sur le dos des éléphants appartenant aux forces permanentes de Sahib Petersen, ou adossés aux arbres, le fusil en travers de leurs bras, se moquaient des cornacs en partance et riaient quand les nouvelles prises rompaient l'alignement pour courir en tous sens.

Grand Toomai s'avança vers le commis, Petit Toomai sur ses talons, Machua Appa, chef des traqueurs, dit à mi-voix à un de ses amis : « Voilà en tout cas un beau brin de chasseur. C'est pitié, d'envoyer ce jeune coq de jungle muer dans les plaines. »

Or, Sahib Petersen avait des oreilles partout, comme il sied à un homme qui passe sa vie à guetter le plus silencieux des êtres vivants – l'éléphant sauvage. Allongé de tout son long sur le dos de Pudmini, il se retourna et dit :

– Qu'as-tu dit? Un cornac des plaines qui aurait la présence d'esprit d'encorder un éléphant, même mort, cela existe donc?

– Ce n'est pas un homme, mais un enfant. Il est entré dans le keddah, à la dernière battue et il a jeté la corde à Barmao ici présent, pendant que nous nous efforcions d'éloigner de sa mère cet éléphanteau, avec une tache à l'épaule.

Machua Appa désigna du doigt Petit Toomai, Sahib Petersen le regarda et Petit Toomai s'inclina jusqu'à terre.

– Lui, jeter une corde! Il est plus petit qu'une cheville de piquet. Petit, quel est ton nom? dit Sahib Petersen.

Rendu muet par la peur, Petit Toomai fit un signe de la main à Kala Nag qui se tenait derrière lui; l'éléphant le cueillit dans sa trompe et le tint au niveau du front de Pudmini, en face du grand Sahib Petersen. Alors, Petit Toomai se couvrit le visage de ses mains, car il n'était qu'un enfant, tout aussi timide que ses semblables, sauf pour ce qui touchait aux éléphants.

– Oh, oh! dit Sahib Petersen, souriant sous cape. Et dans quel but as-tu appris à ton éléphant ce tour-là? Pour t'aider à voler le blé vert sur le toit des maisons quand on y met les épis à sécher?

– Pas le blé en herbe, Protecteur des Pauvres, – les melons, dit Petit Toomai.

Et tous les hommes assis à l'entour partirent de gros éclats de rire. La plupart d'entre eux avaient, en leurs jeunes années, appris ce tour à leurs éléphants. Suspendu à huit pieds en l'air, Petit Toomai aurait donné n'importe quoi pour se trouver à huit pieds sous terre.

– C'est Toomai, mon fils, Sahib, dit Grand Toomai, la mine renfrognée. C'est un très méchant garçon, il finira en prison, Sahib.

– Là-dessus, j'ai mes doutes, dit Sahib Petersen. Un garçon capable, à son âge, d'affronter tout un keddah, ne finit pas en prison. Tiens, petit, voici quatre annas pour acheter des bonbons, parce que tu as encore une petite tête sous ce grand chaume de cheveux. Le moment venu, tu pourras devenir chasseur aussi.

Grand Toomai se renfrogna de plus belle.

– Rappelle-toi, quand même, qu'il ne fait pas bon jouer dans les keddah, ajouta Sahib Petersen.

– Me faudra-t-il ne jamais y entrer, Sahib? demanda Petit Toomai dans un gros soupir.

– Si. Sahib Petersen eut un nouveau sourire. Quand tu auras vu les éléphants danser. C'est le moment propice. Viens me trouver quand tu auras vu danser les éléphants; alors, je te laisserai entrer dans tous les keddah.

Nouvelle explosion de rire. Il est, cachées au fin fond des forêts, de grandes clairières unies, appelées salles de bal des éléphants, mais on ne les découvre que par hasard et nul n'y a jamais vu danser les éléphants. Quand un rabatteur se vante de son adresse et de sa bravoure, les autres lui rétorquent : « Et alors, quand as-tu vu danser les éléphants? »

Kala Nag reposa Petit Toomai à terre, l'enfant s'inclina de nouveau jusqu'au sol et s'en fut avec son père; il donna la pièce d'argent de quatre annas à sa mère qui allaitait son tout petit frère; hissée sur le dos de Kala Nag, toute la famille prit place; au milieu des grognements et des barrissements, la cohorte des éléphants déboula le sentier de la

« Pas le blé en herbe, Protecteur des Pauvres – les melons »,
dit Petit Toomai.

montagne en direction des plaines. C'était une marche très mouvementée, à cause des nouveaux éléphants, qui semaient la pagaille à chaque gué, et qu'il fallait flatter ou frapper toutes les deux minutes.

Grand Toomai, fort mécontent, menait Kala Nag avec dépit; Petit Toomai, lui, était muet de bonheur : Sahib Petersen l'avait remarqué, lui avait donné de l'argent; il était le deuxième classe que son commandant en chef aurait appelé à sortir des rangs pour le couvrir d'éloges.

– Qu'a voulu dire Sahib Petersen avec la danse des éléphants? demanda-t-il enfin tout bas à sa mère.

Grand Toomai l'entendit et grommela :

– Que tu ne dois jamais devenir un de ces buffles montagnards de traqueurs. Voilà, ce qu'il a voulu dire. Hé, là-bas devant, qu'est-ce qui barre la route?

A deux ou trois éléphants plus avant, un cornac Assami se retourna avec colère en criant :

– Amène Kala Nag par ici, et bourre-moi de coups ce jeune pour lui apprendre à vivre. Mais enfin pourquoi Sahib Petersen m'a-t-il choisi, moi, pour descendre avec vous, ânes des rizières? Amène ta bête à couple, Toomai, et laisse-la travailler des défenses. Par tous les dieux des montagnes, ces nouveaux éléphants ont le diable au corps, ou alors, ils flairent leurs semblables dans la jungle.

Kala Nag assena au nouveau un grand coup dans les côtes, à lui couper le souffle.

– Nous avons fait le vide dans les montagnes à la dernière battue, dit en même temps Grand Toomai. Cette chienlit n'est due qu'à votre négligence. Suis-je donc chargé de faire régner l'ordre tout le long de la colonne?

– Ecoutez-le! dit l'autre cornac. Nous avons nettoyé les montagnes! Ah, ah! Vous êtes très malins, vous autres, gens des plaines. Seul un cul-terreux qui n'a jamais vu la jungle peut ignorer ce qu'ils savent bien, eux : que les battues sont terminées pour la saison. C'est pourquoi, ce soir, tous les éléphants sauvages... mais à quoi bon gaspiller ses connaissances devant une tortue d'eau douce?

– Que vont-ils faire, ce soir? lança Petit Toomai.

– *Ohé,* petit. Ah, tu es là? Eh bien, je vais te le dire, car toi, tu as de la trempe. Ils vont danser! Et ton père, qui a nettoyé toutes les montagnes de tous les éléphants, aura intérêt ce soir à mettre double chaîne à ses piquets.

– Balivernes! dit Grand Toomai. Depuis quarante années que, de père en fils, nous soignons des éléphants, nous n'avons jamais entendu de telles sornettes sur les danses.

– Ouais. Mais un homme des plaines, qui vit dans une hutte, ne connaît que les quatre murs de sa hutte. Entendu, laisse tes éléphants sans entraves ce soir, tu verras bien. Quant à leur danse, j'ai vu l'endroit où – *Bapree-Bap!* Combien de méandres a cette rivière Dihang (27)? Voici encore un gué, il va falloir mettre les petits à la nage. Du calme, vous, là, derrière.

Ainsi, devisant, se chamaillant, pateaugeant à travers les rivières, ils parvinrent au terme de leur première étape, une sorte de camp d'accueil pour les nouveaux éléphants; mais ils avaient perdu patience longtemps avant d'y arriver.

On enchaîna les éléphants par les pattes de derrière à leurs gros billots; on attacha des cordes supplémentaires aux nouveaux; on disposa le fourrage en tas devant eux. Puis, les cornacs de montagne retournèrent vers Sahib Petersen dans la clarté de l'après-midi, non sans recommander aux cornacs des plaines de redoubler de vigilance cette nuit-là, et rire un bon coup lorsque ces derniers leur en demandèrent la raison.

Petit Toomai veilla au souper de Kala Nag; à la tombée du jour, il flâna par le camp, indiciblement heureux, en quête d'un tam-tam. Lorsqu'un enfant hindou a le cœur débordant d'émotion, il ne court pas de tous côtés, il ne fait pas un tapage de tous les diables, il s'offre une manière de fête à lui tout seul. Et Petit Toomai s'était entendu adresser la parole par Sahib Petersen! S'il n'avait pas trouvé ce qu'il cherchait, je crois bien que son cœur aurait éclaté. Mais le marchand de sucreries du camp lui prêta un petit tam-tam – un tambour que l'on frappe du plat de la main. Et sous les premières étoiles, l'enfant s'assit par terre devant Kala Nag, les jambes en tailleur, le tam-tam sur les genoux, et tambourina, tambourina, tambourina, et plus il pensait au grand honneur dont il avait fait l'objet, plus il tambourinait, tout seul au milieu du fourrage des éléphants. Il n'y avait ni air ni paroles, mais le rythme le rendait heureux.

Les nouveaux éléphants tiraient de toutes leurs forces sur les cordes, lançant de temps à autre barrissements et cris, et il entendit sa mère, dans le baraquement du camp, qui endormait son petit frère avec une vieille, très vieille chanson sur le Grand Dieu Shiva (28) qui, jadis, fit savoir à tous les animaux ce qu'ils devaient manger. C'est une berceuse très apaisante, dont voici le premier couplet :

Shiv, qui versa les moissons et fit souffler les vents
Assis à l'orée d'un jour des anciens temps,
Donna à chacun sa part, vivres, destin, dur travail,
Depuis le Roi sur le trône au Mendiant devant le
[portail,
Tout, il fit tout – Shiva le Sauveur.
Mahadeo! Mahadeo! Il fit tout –
L'épine pour le chameau, pour les vaches le fourrage,
Un sein maternel pour ta tête endormie, ô mon fils
[si jeune d'âge!

Petit Toomai rythmait la fin de chaque strophe d'un joyeux *tunk-a-tunk*; puis il finit par avoir sommeil et s'étendit sur le fourrage à côté de Kala Nag.

Enfin, les éléphants commencèrent à se coucher les uns après les autres, suivant leur coutume; et bientôt, il ne resta plus que Kala Nag debout, à la droite de la ligne; il se balançait lentement d'un côté à l'autre, les oreilles tendues en avant pour écouter le souffle très doux du vent de la nuit à travers les montagnes. L'air était rempli de tous les bruits nocturnes qui, à eux tous, font un grand bloc de silence – le crissement d'une tige de bambou contre l'autre, le bruissement d'une chose vivante dans les broussailles, le grattement et le glousse- ment d'un oiseau à demi réveillé (les oiseaux ont, dans la nuit, des temps de veille bien plus fréquents qu'on ne pense), et là-bas, tout là-bas, une chute d'eau. Petit Toomai dormit un bon moment; quand il s'éveilla, la lune répandait une vive clarté, et Kala Nag était toujours debout, les oreilles dressées. Petit Toomai se retourna, dans un bruissement de four- rage, et considéra la courbe de l'énorme dos, qui lui cachait la moitié des étoiles du ciel; ce faisant, il entendit, loin là-bas, si loin, trou d'épingle dans le silence, l'appel déchirant d'un éléphant sauvage.

Tous les éléphants, dans les lignes, se levèrent d'un bond, comme atteints d'une balle, et leurs grognements finirent par tirer les mahouts de leur sommeil; ces derniers sortirent, enfoncèrent les chevilles des piquets avec de gros maillets, tendant une corde ici, en nouant une là, jusqu'à ce que le calme fût partout revenu. Un des nouveaux élé- phants avait presque déterré son piquet; Grand Toomai ôta sa chaîne à Kala Nag, en fit pour l'autre une entrave, enchaînant la patte avant à la patte arrière; cela fait, il passa une boucle d'herbe tressée autour de la patte de Kala Nag, lui enjoignant de ne pas oublier qu'il était solidement attaché. Lui- même, son père et son grand-père avaient fait exactement la même chose des centaines de fois, il le savait. Kala Nag ne répondit pas avec son gargouillis habituel. Il resta immobile, les yeux vigilants à travers le clair de lune, la tête un peu dressée, les oreilles en éventail tendues vers les grands plissements des montagnes de Garo.

– Occupe-toi de lui, s'il donne des signes d'agitation au cours de la nuit, dit Grand Toomai à Petit Toomai. Et il rentra dans le baraquement et se rendormit.

Petit Toomai était lui aussi sur le point de se rendormir, quand il entendit la corde de caire (fibre de cocotier) se casser net avec un petit claquement; Kala Nag se dégagea de ses piquets avec un dandinement lent et silencieux, tel un nuage qui se dégage de l'embouchure d'une vallée. Petit Toomai trottina après lui, pieds nus, sur la route, au clair de lune, appelant tout bas : « Kala Nag! Kala Nag! Prends-moi avec toi, ô Kala Nag! » Sans un bruit, l'éléphant se retourna, fit trois pas en direction de l'enfant, abaissa la trompe, d'un moulinet le propulsa sur son cou, et sans attrendre que Petit Toomai ait calé ses genoux, se glissa au cœur de la forêt.

Une fanfare de barrissements furieux s'éleva des lignes, puis le silence se referma sur toutes choses, et Kala Nag se mit en branle. Parfois, une touffe d'herbe haute lui balayait les flancs, comme la vague lèche les flancs du navire; parfois, un bouquet retombant de poivriers sauvages lui effleurait le dos, un bambou crissait au frôlement de son épaule; entre-temps, il se déplaçait sans le moindre bruit, dérivant à travers l'épaisse forêt de Garo comme à travers de la fumée. Il allait en montant, mais Petit Toomai qui, pourtant, scrutait les étoiles dans la trouée des arbres, n'aurait su dire dans quelle direction.

Parvenu au bout de son ascension, Kala Nag s'arrêta une minute, et sous les yeux de Petit Toomai les cimes des arbres déployaient à perte de vue leur fourrure tachetée au clair de lune et la brume blanc-bleuté s'effilochait sur la rivière dans le fond. Se penchant en avant, Toomai s'emplit les yeux du spectacle et sentit la forêt éveillée au-dessous de lui, éveillée, vivante, grouillante. Une grosse roussette fructivore lui frôla l'oreille en passant; les piquants d'un porc-épic cliquetèrent dans le fourré; et dans l'obscurité entre les troncs d'arbres, il entendit un sanglier renifler la chaude terre moite, tout en la fouillant avec ardeur.

Puis les branches se refermèrent sur sa tête et ce fut la descente dans la vallée; parti lentement, Kala Nag, telle une pièce d'artillerie emballée sur un talus à pic, déboula, avec fracas cette fois, d'une seule ruée. Les énormes membres se mouvaient avec une régularité de pistons, par enjambées de huit pieds, avec des froissements de la peau ridée à la pliure des articulations. Les broussailles s'éventraient sur son passage avec un bruit de toile déchirée; les jeunes arbres flexibles, qu'il écartait de ses puissantes épaules, lui cinglaient les flancs en revenant en place; de grands paquets de lianes enchevêtrées s'accrochaient à ses défenses, tandis qu'à grands coups de tête balancés de droite et de gauche, il défrichait son chemin. Alors Petit Toomai s'aplatit contre le grand cou, de peur d'être désarçonné par le coup de fouet d'une branche, et il lui prit des regrets d'avoir quitté les lignes.

L'herbe commençait à devenir marécageuse; à chaque pas, les pieds de Kala Nag faisaient ventouse avec un bruit de succion; la brume nocturne, au fond de la vallée, glaçait Petit Toomai. Il y eut un gros floc, un bruit de piétinement, la course précipitée d'une eau vive, et Kala Nag traversa à grandes enjambées le lit d'une rivière, tâtant le terrain à chaque pas. Dominant le bruit des tourbillons du courant autour des pattes de Kala Nag, Petit Toomai entendait d'autres éclaboussements assortis de barrissements en amont aussi bien qu'en aval – des grognements intenses, des ébrouements furieux, et la brume qui l'environnait semblait pleine d'ombres houleuses et onduleuses.

– Ah! dit-il à mi-voix en claquant des dents. Le peuple des éléphants est dehors, cette nuit. C'est bien la danse, alors.

Kala Nag sortit de l'eau avec un clapotis, souffla dans sa trompe pour la dégager et entreprit une nouvelle ascension; mais cette fois, il n'était plus seul et n'avait plus à frayer son chemin. Il s'ouvrait devant lui, tout tracé, large de six pieds, et l'herbe de jungle, écrasée, cherchait à reprendre vigueur et à s'y redresser. Quantité d'éléphants avaient dû suivre cette voie quelques minutes auparavant. Petit Toomai regarda derrière lui : juste à ce moment, un grand mâle sauvage, bien pourvu en défenses, aux petits yeux porcins luisants comme des charbons ardents, émergea de la rivière embrumée. Puis les arbres se refermèrent, l'ascension se poursuivit, avec son cortège de barrissements, de fracas, et de claquements de branches brisées.

Une fois parvenu tout en haut de la montagne, Kala Nag s'immobilisa entre deux troncs d'arbre; ils faisaient partie d'un ensemble d'arbres qui poussaient en cercle autour d'un espace irrégulier de quelque trois ou quatre acres, dont le sol, à ce que vit Petit Toomai, avait pris la consistance de la brique à force d'avoir été piétiné. Au centre de la clairière, un bouquet d'arbres dépouillés de leur écorce, et dont le bois, mis à nu par le frottement, luisant et poli, brillait sous les ronds de clair de lune. Des lianes pendaient des branches hautes, et les calices de leurs fleurs, sortes de grands liserons couleur de cire, pendaient d'un lourd et profond sommeil; mais dans les limites de la clairière, pas le moindre brin de verdure, rien que la terre foulée.

Le clair de lune lui donnait une teinte gris fer, colorant d'un noir d'encre l'ombre des groupes d'éléphants qui s'y tenaient. Petit Toomai, les yeux exorbités, regardait en retenant son souffle. Sous son regard, un nombre toujours grandissant d'éléphants sortait d'entre les troncs d'arbres, en se dandinant, se mettait à découvert. Petit Toomai ne savait compter que jusqu'à dix; il compta et recompta sur ses doigts, finit par perdre son compte de dizaines, et la tête se mit à lui tourner. En dehors de la clairière, il les entendait saccager le sous-bois dans leur ascension vers le sommet; mais à peine pénétraient-ils dans le cercle des troncs d'arbres, ils se mouvaient comme des ombres.

Il y avait là des mâles sauvages aux défenses blanches, avec des feuilles mortes, des noix et des brindilles dans les fripures du cou et les plis des oreilles; de grasses femelles lourdaudes, flanquées de leurs éléphanteaux remuants, d'un noir rosé, hauts de trois ou quatre pieds à peine, qui couraient sous leur ventre; de jeunes éléphants dont les défenses commençaient juste à pointer, objets de leur fierté; de vieilles femelles stériles, efflanquées et dégingandées, avec leurs inquiètes faces creuses, et leur trompe d'écorce rugueuse; de vieux solitaires hargneux, zébrés, de l'épaule au flanc, de grandes balafres et estafilades reçues aux combats d'antan, des croûtes de boue séchée accrochées aux épaules à la suite de leurs baignades à l'écart; et il y en avait un, avec une défense brisée et, sur le flanc, les marques de la puissante griffure, de la terrible déchirure des griffes d'un tigre. Ils se faisaient face, ou déambulaient de long en large par couples, ou restaient à se balancer et à se dandiner tout seuls. Il y en avait des tas et des tas.

Toomai avait une certitude : tant qu'il restait tranquille sur le dos de Kala Nag, il ne risquait rien; en effet, même dans la bousculade et la mêlée du keddah, jamais un éléphant sauvage ne lève sa trompe pour arracher un homme du cou d'un éléphant apprivoisé; et qui, parmi eux, cette nuit-là, se préoccupait des hommes? A un moment donné, ils tressaillirent et portèrent les oreilles en avant, en entendant le cliquetis d'un anneau de pied dans la forêt; mais c'était Pudmini, l'éléphante favorite de Sahib Petersen, sa chaîne rompue net, qui, grognant et nasilʃant, gravissait le flanc de la montagne. Elle devait avoir brisé ses piquets, et venir droit du camp de Sahib Petersen. Et Petit Toomai vit un autre éléphant, qu'il ne connaissait pas cette fois, avec de profondes marques purulentes de cordes sur le dos et le poitrail. Lui aussi devait s'être échappé de quelque camp dans les montagnes.

Enfin, on n'entendit plus d'autres éléphants marcher dans la forêt, et Kala Nag sortit d'entre les arbres, de sa démarche chaloupée et pénétra au cœur de la foule, avec force gargouillis et glousse-ments, et tous les éléphants se mirent à converser dans leur langue et à se déplacer.

Toujours couché, Petit Toomai découvrait une infinité de larges dos, d'oreilles frétillantes, de trom-pes ondulantes et de petits yeux roulants. Il enten-dait le cliquetis des défenses lorsqu'elles s'entrecho-quaient par hasard, le bruissement sec des trompes entrelacées, le frottement des flancs et des épaules énormes dans la cohue, et l'incessante petite claque chuintante des grandes queues. Soudain, un nuage couvrit la lune et ce fut la nuit noire; gargouillis, poussées, bousculades n'en continuèrent pas moins, imperturbablement. Il savait Kala Nag environné d'éléphants, et il était hors de question de le sous-traire à l'assemblée : il serra les dents et frissonna. Dans un keddah, au moins, il y avait la lumière des torches, et les cris; mais ici, on était tout seul dans le noir; et une fois, une trompe se leva et lui toucha le genou.

Puis, un éléphant lança un barrissement, repris en chœur par tous les autres pendant cinq ou six terrifiantes secondes. La rosée s'égoutta des arbres avec un crépitement de pluie sur les dos invisibles; et un bruit s'éleva, sourd grondement que Petit

Toomai fut incapable d'identifier; plutôt faible au début, il s'enfla, s'enfla, Kala Nag souleva une patte avant, puis l'autre, les reposa sur le sol – une, deux, une, deux, avec la régularité de martinets de forge. Puis tous les éléphants s'attelèrent ensemble à ce lourd trépignement, et cela résonnait comme un tambour de guerre battu à l'entrée d'une caverne. La rosée finit de tomber des arbres, jusqu'à la dernière goutte, le grondement roulait toujours, le sol tremblait et frémissait. Petit Toomai porta les mains aux oreilles pour ne plus entendre cette rumeur. Mais massive, une cacophonie gigantesque le vrilla tout entier – ce piétinement de centaines de pieds pesants sur la terre nue. Une fois ou deux, il sentit Kala Nag et tous les autres avancer de quelques pas en foule déferlante; le martèlement fit place au crissement de verdures juteuses écrabouillées; mais au bout d'une minute ou deux, reprit le pilonnement de pieds sur la terre durcie. Quelque part près de lui, un arbre craquait et gémissait. Tendant le bras, il en tâta l'écorce, mais Kala Nag avança, toujours trépignant, et l'enfant ne sut plus où il était dans la clairière. Le silence s'installa chez les éléphants, rompu une fois seulement par les criailleries conjuguées de deux ou trois éléphanteaux. Puis il entendit un coup sourd et un frottement de pieds, et le trépignement reprit. Il y avait bien deux grandes heures que cela durait et Petit Toomai avait tous les nerfs à vif; mais il sentait que l'air nocturne était porteur de la naissance de l'aube.

Grande nappe de jaune pâle derrière les collines vertes, parut le matin; le piétinement s'arrêta avec le premier rayon, comme si la lumière en avait intimé l'ordre. Le bourdonnement ne s'était pas encore apaisé dans sa tête, il n'avait même pas changé de position, que Petit Toomai ne vit plus un seul éléphant, sauf Kala Nag, Pudmini, et la bête marquée par les cordes. Et nul signe, nul bruissement, nul chuchotement sur les pentes des montagnes ne laissait deviner où les autres étaient partis.

Petit Toomai ouvrit de grands yeux. La clairière, telle qu'il se la rappelait, s'était élargie pendant la nuit. Le bouquet d'arbres en son centre était plus fourni, mais les limites du sous-bois et de l'herbe de jungle se trouvaient reculées. Petit Toomai regarda une fois encore. A présent, il comprenait le piétinement : de la sorte, les éléphants avaient agrandi leur aire; réduisant l'herbe épaisse et la canne juteuse en litière, la litière en lamelles, les lamelles en minuscules fibres et les fibres en terre compacte.

– Ouf! dit Petit Toomai, les paupières très lourdes, Kala Nag, monseigneur, restons avec Pudmini et retournons au camp de Sahib Petersen, ou je vais m'écrouler de ton dos.

Le troisième éléphant les regarda s'éloigner, s'ébroua, fit volte-face et reprit sa propre route. Il devait appartenir à l'effectif de quelque petit roi indigène, à cinquante, soixante ou cent milles de là.

Deux heures plus tard, au cours du petit déjeuner de Sahib Petersen, les éléphants, dont les chaînes avaient été doublées cette nuit-là, se mirent à barrir, saluant le retour au camp de Pudmini, crottée jusqu'aux épaules, et de Kala Nag, traînant les pieds fort endoloris.

Petit Toomai avait le visage blême et tiré, la chevelure pleine de feuilles et trempée de rosée; il s'efforça, malgré tout, de saluer Sahib Petersen et cria d'une voix détimbrée :

– La danse... la danse des éléphants! Je l'ai vue et... je meurs! Comme Kala Nag se mettait sur son séant, il glissa de son dos, mortellement évanoui.

Mais, les enfants indigènes étant pratiquement dépourvus de nerfs, au bout de deux heures il se retrouvait très agréablement allongé dans le hamac de Sahib Petersen, la veste de chasse de Sahib Petersen sous la tête, réconforté par un verre de lait chaud additionné d'un peu d'eau-de-vie et d'un soupçon de quinine. Et tandis que les vieux chasseurs des jungles, hirsutes et balafrés, assis sur trois rangs devant lui, le regardaient comme un revenant, il conta son histoire, en peu de mots, à la manière des enfants, et conclut :

– Maintenant, si je dis un seul mot de mensonge, envoyez des hommes pour voir; ils trouveront que les éléphants, en piétinant, ont agrandi leur salle de danse et ils trouveront dix et dix et beaucoup de fois dix pistes conduisant à cette salle de danse. Je l'ai vu. Kala Nag m'a emmené avec lui, et j'ai vu. Même que Kala Nag a les pattes très fatiguées!

Petit Toomai se renversa en arrière et dormit tout au long de l'après-midi; le crépuscule le trouva encore endormi; et pendant son sommeil, Sahib Petersen et Machua Appa se lancèrent sur la trace des deux éléphants à travers les montagnes; ils parcoururent ainsi quinze milles. Au bout de dix-huit ans passés à capturer des éléphants, Sahib Petersen n'avait encore découvert qu'une fois semblable salle de danse. Machua Appa n'eut pas à regarder deux fois la clairière pour voir ce qui s'y était passé, ni à gratter de l'orteil la terre tassée et damée.

– L'enfant dit vrai, fit-il. Tout cela s'est fait la nuit dernière, et j'ai compté soixante-dix pistes traversant la rivière. Regarde, Sahib, où l'anneau de fer de Pudmini a entaillé l'écorce de cet arbre! Oui, elle était là aussi.

Leurs regards se croisèrent, parcoururent le site de haut en bas, médusés : car les voies des éléphants dépassent l'entendement de l'homme, noir ou blanc.

– Quarante et cinq années, dit Machua Appa, ai-je suivi monseigneur l'éléphant, sans jamais ouïr dire qu'enfant d'homme ait vu ce que cet enfant a vu. Par tous les Dieux des Montagnes, c'est... Que dire? Et il secoua la tête.

Quand ils furent de retour au camp, c'était l'heure du souper. Sahib Petersen dînait seul dans sa tente, mais il donna l'ordre de distribuer au camp deux moutons, des volailles, double ration de farine, de riz et de sel : car il savait qu'il y aurait fête.

Grand Toomai était remonté en toute hâte du camp des plaines pour chercher son fils et son éléphant; à présent qu'il les avait trouvés, il les regardait comme s'il avait peur d'eux. On festoya, en effet, autour des éclatants feux de camp allumés devant les lignes des éléphants enchaînés; et Petit Toomai fut le héros de la fête. Et les grands chasseurs basanés, traqueurs, rabatteurs, lanceurs de cordes, les détenteurs de tous les secrets pour dompter les éléphants les plus récalcitrants se le passèrent de l'un à l'autre, le marquant au front avec le sang du cœur d'un coq de jungle fraîchement tué, pour le déclarer forestier, initié et libre dans toutes les vastes jungles.

Et à la fin, quand moururent les flammes et qu'à la lueur des braises, les éléphants semblaient avoir été eux aussi trempés dans le sang, Machua Appa, chef de tous les rabatteurs de tous les keddah – Machua Appa, alter ego de Sahib Petersen, qui, en quarante ans, n'avait jamais vu de route façonnée; Machua Appa, si grand, si grand qu'il n'avait pas d'autre nom que Machua Appa –, se leva d'un bond, élevant dans l'air Petit Toomai à bout de bras au-dessus de sa tête, et cria :

– Ecoutez, mes frères. Ecoutez, aussi, vous messeigneurs, là, dans les lignes, car moi, Machua Appa, je parle! Ce petit bonhomme ne s'appellera plus Petit Toomai, mais Toomai des Eléphants, comme son arrière-grand-père avant lui. Ce que jamais homme ne vit, il le vit tout au long de la longue nuit, et la grâce du peuple éléphant et des Dieux des Jungles est sur lui. Il deviendra un grand traqueur. Il deviendra même plus grand que moi, oui, plus grand que moi – Machua Appa! Il suivra la voie fraîche, la voie éventée, la voie contradictoire, d'un œil clairvoyant! Il ne lui arrivera aucun mal dans le keddah lorsqu'il courra sous le ventre des grands mâles sauvages pour les encorder. Et s'il glisse à terre devant un mâle qui charge, ce mâle le reconnaîtra et ne l'écrasera pas. *Aihai!* Messeigneurs dans les chaînes – d'un tourbillon il fut sur les lignes de piquets –, voici le petit être qui a vu vos danses au fond de vos retraites – le spectacle que jamais homme ne vit! Rendez-lui hommage, messeigneurs! *Salaam karo*, mes enfants! Faites votre salut à Toomai des Eléphants! Gunga Pershad, ahaa! Hira Guj, Birchi Guj, Kuttar Guj, ahaa! Pudmini – tu l'as vu à la danse, et toi aussi, Kala Nag, ma perle parmi les éléphants! Ahaa! Ensemble! A Toomai des Eléphants! *Barrao!*

A ce dernier hurlement sauvage, toutes les trompes se levèrent jusqu'à toucher les fronts, et éclata le grand salut, la fracassante fanfare des barrissements, réservée au seul Vice-Roi de l'Inde – le Salaam-ut du Keddah.

Mais elle éclatait tout en l'unique honneur de Petit Toomai, qui avait vu ce que jamais homme avant lui n'avait vu – la danse des éléphants, la nuit, et tout seul, au cœur des montagnes de Garo!

SHIVA (28) *ET LA SAUTERELLE*

(Chanson que la Mère de Toomai
chantait à son bébé.)

Shiv, qui versa les moissons et fit souffler les vents,
Assis à l'orée d'un jour des anciens temps,
Donna à chacun sa part, vivres, destin, dur travail,
Depuis le Roi sur le trône au Mendiant devant le
[portail,
Tout, il fit tout – Shiva le Sauveur,
Mahadeo! Mahadeo! Il fit tout –
L'épine pour le chameau, pour les vaches le fourrage,
Un sein maternel pour ta tête endormie, ô mon fils
[si jeune d'âge!

Au riche il donna le blé; du millet au pauvre hère;
[des débris
Au saint homme qui, de porte en porte, mendie;
Au tigre, du bétail; des charognes au vautour;
Peilles et os aux vilains loups qui la nuit rôdent
[alentour.
Rien ne lui parut trop élevé; nul trop infime ne lui
[sembla –
Parvâti, à ses côtés, leurs allées et venues contempla,
Eut l'idée de se jouer de son mari, de se moquer de
[Shiva –
Et vola la petite sauterelle, que dans son sein elle
[cacha.
Ainsi le roula-t-elle, Shiva le Sauveur.

Mahadeo! Mahadeo! Regarde par ici.
Grands sont les chameaux, les vaches sont lourdes
[au pesage,
Mais elle, c'était la moindre des petites choses,
[ô mon fils si jeune d'âge!

La distribution achevée, en riant elle dit :
« Maître, de ce million de bouches, n'en est-il pas
[une inassouvie? »
Dans un rire, Shiva lui répondit : « Tous ont leur
[part reçu,
Même elle, cette petite chose, contre ton cœur
[retenue. »
De son sein, Parvâti la voleuse la détacha et s'aperçut
Que la Moindre des Petites Choses rongeait une
[feuille fraîchement venue!
Elle vit, s'effraya, s'émerveilla, fondant en prière
[devant Shiva,
Qui à tous les êtres vivants, tous, nourriture donna.
Tout, il fit tout – Shiva le Sauveur,
Mahadeo! Mahadeo! Il fit tout,
L'épine pour le chameau, pour les vaches, le four-
[rage,
Un sein maternel, pour ta tête endormie, ô mon fils
[si jeune d'âge!

SERVICE DE LA REINE

Que vous calculiez par Fractions, ou par simple Règle de Trois,
Vous ne ferez jamais que Tweedle-dum égal à Tweedle-dee soit.
Tressez, tournez, entortillez le problème à satiété,
Que Pilly-Winky égale Winkie-Pop, jamais ne ferez!

Il avait plu à verse pendant un long mois – plu
sur un camp de trente mille hommes, de milliers de
chameaux, éléphants, chevaux, bœufs et mulets,
tous rassemblés en un lieu appelé Rawalpindi (29),
pour être passés en revue par le Vice-Roi de l'Inde.
Il recevait la visite de l'Amir d'Afghanistan – roi
sauvage d'une contrée fort sauvage. Et l'Amir avait
amené comme garde du corps huit cents hommes
et autant de chevaux qui, de leur vie, n'avaient
jamais vu un camp ni une locomotive – des hommes
primitifs et des chevaux primitifs venus du fin
fond de l'Asie centrale. Chaque nuit sans exception,
une horde de ces chevaux brisant leurs entraves,
galopaient à la débandade dans tout le camp, à
travers la boue, dans l'obscurité; ou les chameaux
s'échappaient, et, dans leur course désordonnée,
trébuchaient sur les cordages des tentes, situation

ô combien plaisante pour des hommes qui cherchent le sommeil. Ma tente se trouvait à l'écart des lignes de chameaux et je la croyais à l'abri; mais une nuit un homme passa brusquement la tête par l'ouverture en criant :

– Sors vite! Ils arrivent! Ma tente est par terre!

Ce « ils », je savais qui c'était. J'enfilai donc mes bottes, mon imperméable et me précipitai dehors dans la gadoue. La petite Vixen, mon fox-terrier, sortit par l'autre côté. Il y eut alors un beuglement, un grognement, des glouglous, et je vis la tente s'affaler, en même temps que le mât se cassait net, et se mettre à danser comme un fantôme dément. Un chameau s'était empêtré dedans, et tout mouillé et furieux que je fusse, je ne pus m'empêcher de rire. Puis je me remis à courir, ne sachant pas combien de chameaux avaient pu s'échapper; et peu après, hors de vue du camp, je me retrouvai pataugeant péniblement dans la boue.

A la fin, je trébuchai sur la culasse d'un canon; j'en conclus que je me trouvais à proximité des lignes d'artillerie, là où les canons étaient relégués, la nuit. Peu soucieux de peiner plus longtemps dans le crachin et dans le noir, j'accrochai mon imperméable à la gueule d'un canon, et confectionnant une sorte de wigwam à l'aide de deux ou trois refouloirs glanés là, je me couchai de tout mon long sur la prolonge d'un autre canon, me demandant où était passée Vixen et où je pouvais bien être.

J'étais sur le point de m'endormir quand j'entendis le tintement d'un harnais et un grognement : un mulet passa devant moi en secouant ses oreilles mouillées. Il appartenait à une batterie de canons à vis, car je percevais le cliquetis de courroies, d'anneaux, de chaînes et autres ferrailles sur son tapis de selle. Les canons à vis sont de tout petits canons faits de deux parties que l'on visse ensemble aux fins d'utilisation. On les hisse sur les montagnes, partout où un mulet peut passer, et ils rendent de grands services en terrain rocailleux.

Le mulet était suivi d'un chameau, dont les gros pieds mous glissaient et faisaient ventouse dans la boue et dont le cou était pris de secousses comme celui d'une poule égarée. Par chance, les indigènes m'avaient suffisamment initié au langage des bêtes – pas des bêtes sauvages, mais des hôtes de camp, s'entend – pour que je comprisse ce qu'il disait.

C'était probablement celui qui s'était affalé dans ma tente; en effet, il interpella le mulet :

– Que faire? Où aller? Je me suis battu avec une chose blanche qui flottait, et elle a pris un bâton et m'a frappé au cou (œuvre du mât brisé de ma tente, je fus ravi de l'apprendre). Allons-nous continuer à courir?

– Ah, c'est toi, dit le mulet, toi et tes amis, qui avez semé la pagaille dans le camp? Parfait. Tu auras ta bastonnade le matin venu, mais autant te donner un acompte sur l'instant.

J'entendis cliqueter le harnais : le mulet reculait; puis il bourra le chameau de croupades dans les côtes, qui résonnaient comme sur un tambour.

– Ça t'apprendra à foncer la nuit à travers une batterie de mulets en criant : « Au voleur et au feu! ». Assis, et tiens ton stupide cou tranquille.

Le chameau se replia à la façon des chameaux, comme un mètre pliant et s'assit en pleurnichant. Un bruit rythmé de sabots claqua dans l'obscurité et un grand cheval de troupe arriva au petit galop, cadencé comme à la parade, franchit la culasse d'un canon et retomba tout près du mulet.

– C'est scandaleux, dit-il, les narines dilatées. Ces chameaux ont encore semé la pagaille dans nos lignes – pour la troisième fois cette semaine. Le moyen pour un cheval de conserver sa forme si on ne le laisse pas dormir. Qui va là?

– Je suis le mulet de culasse du canon Numéro

Deux de la Première Batterie à Vis, dit le mulet. Et l'autre est un de vos amis. Il m'a réveillé aussi. Qui êtes-vous?

– Numéro Quinze, troupe E, Neuvième Lanciers – le cheval de Dick Cunliffe. Ecartez-vous un peu; là

– Oh, désolé, dit le mulet. Il fait si noir qu'on n'y voit goutte. Ces chameaux sont exaspérants jusqu'à la nausée. J'ai quitté mes lignes pour chercher un peu de calme et de paix dans les parages.

– Messeigneurs, dit le chameau avec humilité, nous avons fait de mauvais rêves dans la nuit et nous avons eu très peur. Je ne suis qu'un chameau des équipages du 39° d'Infanterie Indigène, et je n'ai pas votre vaillance, messeigneurs.

– Alors, pourquoi fichtre ne pas rester à porter les équipements du 39° d'Infanterie Indigène, au lieu de courir partout dans le camp? dit le mulet.

– C'était vraiment de si mauvais rêves, dit le chameau. Je suis navré. Ecoutez! Qu'est-ce que c'est? Faut-il repartir?

– Reste assis, dit le mulet, ou tu vas casser net tes pattes dégingandées entre les canons. « Il dressa une oreille, aux aguets. » Des bœufs! dit-il. Des bœufs de batterie. Ma parole, votre besogne de trouble-sommeil, vous l'avez faite à fond, toi et tes amis. On ne fait pas lever un bœuf de batterie comme ça.

J'entendis une chaîne traîner au sol et un attelage de ces grands bœufs maussades qui traînent les lourdes pièces de siège quand les éléphants refusent de faire un pas de plus vers la zone de feu arriva, poussant épaule contre épaule; à leur suite, marchant presque sur la chaîne, un autre mulet de batterie appelait frénétiquement : « Billy! ».

– C'est une de nos recrues, dit le vieux mulet au cheval de troupe. C'est moi qu'il appelle. Ça va, béjaune, assez braillé. L'obscurité n'a encore jamais fait de mal à personne.

Les bœufs de batterie se couchèrent en même temps et commencèrent à ruminer, mais le jeune mulet se blottit contre Billy.

– Des choses! fit-il. D'effrayantes et horribles choses, Billy! Elles ont pénétré nos lignes pendant notre sommeil. Tu crois qu'elles vont nous tuer?

– L'envie me démange de t'allonger un coup de pied de première, dit Billy. Un mulet de quatorze paumes avec ta formation, qui déshonore la batterie devant ce gentleman, est-ce convenable?

– Doucement, doucement! dit le cheval de troupe. N'oublie pas que les débuts sont toujours ainsi. La première fois de ma vie que je vis un homme (c'était en Australie, j'avais trois ans), j'ai couru une demi-journée, et si ç'avait été un chameau, je courrais encore.

Presque tous les chevaux de la cavalerie anglaise en Inde sont importés d'Australie et dressés par les soldats eux-mêmes.

– C'est ma foi vrai, dit Billy. Arrête de trembler, béjaune. La première fois qu'on me plaça sur le dos le harnais complet avec toutes ses chaînes, je me plantai sur mes antérieurs et lançai des ruades, jusqu'à ce que tout fût par terre. Je ne maîtrisais pas, à l'époque, la véritable science du coup de pied, mais ceux de la batterie affirmèrent n'avoir jamais rien vu de tel.

– Oui, mais ce n'était ni un harnais ni rien de cliquetant, dit le jeune mulet. Tu sais que maintenant ça ne me fait rien, Billy. C'était des Choses comme des arbres, et elles tombaient du haut en bas des lignes en glougloutant. Mon licol céda, impossible de trouver mon conducteur, impossible de te trouver, toi, Billy; je me suis donc sauvé avec... avec ces gentlemen.

– Hum! fit Billy. Dès que j'eus vent de la débandade des chameaux, je suis parti pour mon propre compte, sans bruit. Pour qu'un mulet de batterie – de batterie à vis – traite de gentlemen des bœufs de batterie, il faut qu'il soit vraiment dans tous ses états. Et vous, qui êtes-vous, là, par terre?

Les bœufs de batterie, roulant leur boulette alimentaire, répondirent en même temps :

– Le septième attelage du premier canon de la Grosse Batterie de Siège. Nous dormions à l'arrivée des chameaux, mais quand on nous a piétinés, nous nous sommes levés et nous sommes partis. Mieux vaut être couché dans la boue, mais tranquille, que dérangés sur une bonne litière. Nous avons bien dit à votre ami qu'il n'y avait pas lieu de s'effrayer, mais il en savait tant qu'il en a pensé autrement. Wah!

Et la rumination reprit.

– Voilà ce que c'est que d'avoir peur, dit Billy. On se fait chiner par des bœufs de batterie. Tu dois apprécier, jeunot.

Les dents du jeune mulet claquèrent; je l'entendis marmonner n'avoir peur d'aucun vieux costaud de bœuf au monde; mais les bœufs se contentèrent d'entrechoquer leurs cornes, sans cesser de ruminer.

– Allons bon, après la peur, la colère. C'est la pire forme de lâcheté, dit le cheval de troupe. Pour ma part, j'estime très pardonnable d'être saisi de peur la nuit, à la vue de choses qu'on ne comprend pas. Combien de fois avons-nous déserté nos piquets, par horde de quatre cent cinquante, simplement parce qu'une nouvelle recrue, lancée dans des histoires de serpents-fouets au pays, en Australie, nous avait amenés à un tel degré de peur que la seule vue des cordes pendant de nos licols nous rendait fous de panique.

– Voilà qui est parfait, au campement, dit le cheval de troupe. Moi-même, je ne dédaigne pas une bonne débandade, pour le plaisir, après un ou deux jours d'immobilité forcée. Mais, en campagne?

– Ah, ça, c'est une tout autre paire de manches, dit le cheval de troupe. Dans ce cas, j'ai Dick

Cunliffe sur le dos, il m'enfonce ses genoux dans les côtes; il ne me reste plus qu'à regarder où je pose les pieds, à bien ramasser mes postérieurs et à obéir aux rênes.

– Obéir aux rênes, qu'est-ce à dire? demanda le jeune mulet.

– Par les Gommiers Bleus (30) des Back Blocks, dit le cheval de troupe dans un ébrouement, tu veux dire qu'on ne t'enseigne pas, dans ton métier, à obéir aux rênes? A quoi peux-tu prétendre, à moins de pouvoir faire une volte dès que la bride fait pression sur ton encolure? C'est une question de vie ou de mort pour ton cavalier, et bien sûr aussi pour toi. A peine sent-on la bride sur l'encolure, bien ramasser les postérieurs; faute de place pour volter, se cabrer légèrement et se recevoir sur les postérieurs. C'est cela, l'obéissance aux rênes.

– On nous apprend différemment, dit Billy le mulet non sans raideur. On nous enseigne à obéir à l'homme à notre tête : reculer sur son injonction, avancer sur son injonction. Cela revient au même, je suppose. Eh bien, toute cette belle technique d'opérette, avec petits cabrés, qui doit être bien éprouvante pour vos jarrets, qu'en faites-vous?

– Cela dépend, dit le cheval de troupe. Généralement, je dois foncer dans un tas d'hommes hirsutes et hurlants, armés de couteaux – de longs couteaux brillants, pires que ceux du maréchal-ferrant –, et je dois veiller à ce que la botte de Dick effleure juste celle de mon voisin, sans l'écraser. A droite, du coin de mon œil droit, je vois la lance de Dick et je me sais en sécurité. Je n'envie pas celui, homme ou cheval, qui nous tiendrait tête, à Dick et à moi, quand nous sommes pressés.

– Et les couteaux, ne font-ils pas mal? dit le jeune mulet.

– Eh bien, j'ai reçu une estafilade en travers du poitrail, mais ce n'était pas la faute de Dick...

– Tu parles, je m'en serais bien fichu, de qui

c'était la faute, si on m'avait fait mal! interrompit le jeune mulet.

– Mais non, dit le cheval de troupe. Si tu n'as pas confiance dans ton cavalier, autant décamper tout de suite. C'est le cas d'un certain nombre de nos chevaux, et je ne les blâme pas. Mais, comme je disais, ce n'était pas la faute de Dick. L'homme gisait sur le sol, je m'étirai pour éviter de l'écraser, et il m'a entaillé. La prochaine fois que je dois franchir un homme à terre, je pose le pied dessus... carrément.

– Hum, fit Billy. Cela paraît fort insensé. Sales engins, les couteaux, de toute façon. Escalader une montagne, avec une selle bien mise, se cramponner des quatre pattes, l'oreille aux aguets, ramper, se faufiler, se couler, pour déboucher à des centaines de pieds au-dessus de tous, sur une saillie juste assez grande pour vos quatre sabots, voilà la bonne chose à faire. Alors, on s'immobilise, on se tient coi – ne demande jamais à un homme de te tenir la tête, jeunot –, on se tient coi pendant qu'on assemble les canons, puis on regarde tomber à travers la cime des arbres, très loin là-bas, les petits obus pareils à des pavots.

– Jamais de faux pas? dit le cheval de troupe.

– On dit qu'un mulet bronchera quand les poules auront des dents, dit Billy. Peut-être, de temps en temps, je ne dis pas, une selle mal sanglée pourra déséquilibrer un mulet, mais c'est très rare. J'aimerais pouvoir te montrer notre métier. Une belle chose. A vrai dire, il m'a fallu trois ans pour comprendre ce que les hommes attendaient de moi. Tout l'art consiste à ne jamais se détacher sur la ligne d'horizon; autrement, on peut vous tirer dessus. Rappelle-toi ça, jeunot. Rester toujours caché le plus possible, même si cela nécessite un détour d'un mille. C'est moi qui mène la batterie, quand on en arrive à ce genre d'escalade.

– Se faire canarder sans avoir le loisir de foncer

sur ceux qui tirent! dit le cheval de troupe, abîmé dans ses réflexions. Je ne pourrais pas le supporter. J'aurais le désir de charger, avec Dick.

— Oh, non, je ne pense pas. Tu sais qu'à peine en position, les canons assument toute la charge. Voilà qui est scientifique et propre. Mais les couteaux, pouah!

Cela faisait un moment que le chameau d'équipage agitait la tête comme un balancier, soucieux de glisser un mot. Je l'entendis avancer avec appréhension, en s'éclaircissant la voix :

— J'ai, j'ai, j'ai fait un peu la guerre, mais pas avec ces escalades, ou ces courses.

— Non. Maintenant que tu en parles, dit Billy, tu n'as effectivement pas l'air taillé pour l'escalade ou pour la course — ou guère, en tout cas. Alors, c'était comment, mon vieux Balle de foin?

— Comme il faut, dit le chameau. On s'agenouillait tous...

— Oh, par ma cravache et mon plastron! dit tout bas le cheval de troupe. Agenouillé?

— On s'agenouillait, par centaines, poursuivit le chameau, en un grand carré, et les hommes empilaient nos bâts et nos selles à l'extérieur du carré, et faisaient feu par-dessus notre dos, oui, des quatre côtés du carré.

— Quelle sorte d'hommes? N'importe qui, au hasard? dit le cheval de troupe. On nous apprend, à l'école de monte, à nous coucher et à laisser nos maîtres tirer par-dessus nous, mais je ne me fierais qu'à Dick Cunliffe pour cela. Ça me chatouille sous les sangles, et de plus, je n'y vois rien, avec la tête au sol.

— Qu'importe qui tire au-dessus de vous? dit le chameau. Il y a quantité d'hommes et quantité d'autres chameaux tout près et un grand amoncellement de nuages de fumée. Je n'ai pas peur alors. Je reste tranquille et j'attends.

— Et pourtant, dit Billy, tu fais de mauvais rêves

et mets le camp sens dessus dessous la nuit. Eh bien, avant que je me couche – à plus forte raison, que je m'agenouille –, pour permettre à un homme de tirer par-dessus mon corps, mes talons et sa tête auraient quelque chose à se dire. A-t-on jamais entendu rien de plus affreux?

Il y eut un long silence. Puis, l'un des bœufs de batterie leva sa grosse tête et dit :

– Ceci est fort absurde en vérité. Il n'y a qu'une manière de combattre.

– Vas-y, continue, dit Billy. Surtout, ne te gêne pas pour moi. Chez vous, on combat debout sur sa queue, j'imagine?

– Une seule manière, dirent-ils en chœur (ils devaient être jumeaux). La voici : mettre nos vingt attelages au gros canon dès que Double-Queue pousse ses barrissements (« Double-Queue » désigne l'éléphant, en argot de camp).

– Pourquoi Double-Queue barrit-il? demanda le jeune mulet.

– Pour indiquer qu'il refuse de s'approcher davantage de la fumée en face. Double-Queue est un grand poltron. Alors, tous ensemble, nous remorquons le gros canon. *Heya-Hullah! Heeyah! Hullah*! Pour notre part, nous ne grimpons pas comme des chats, ni ne courons comme des veaux. Nous cheminons par la plaine unie, nos vingt jougs à la fois, jusqu'à ce qu'on nous dételle; et nous paissons, tandis que les gros canons discutent à travers la plaine avec quelque ville aux murs d'argile. Des pans de mur s'écroulent, soulevant des nuages de poussière évoquant le retour à l'étable de grands troupeaux.

– Oh! Et vous choisissez ce moment-là pour pâturer, pas vrai? dit le jeune mulet.

– Ce moment ou un autre. Il est toujours bon de manger. Nous mangeons jusqu'à ce qu'on nous remette au joug pour ramener le canon à l'endroit où Double-Queue l'attend. Parfois, dans la ville, de gros canons répondent, tuant certains d'entre nous; dans ce cas, il y a d'autant plus à paître pour les survivants. C'est le Destin – uniquement le Destin. N'empêche, Double-Queue est un grand poltron. Voilà la vraie manière de combattre. Nous sommes frères, nous venons de Hapur (31). Notre père était un taureau sacré de Shiva. Nous avons dit.

– Eh bien, dit le cheval de troupe, j'ai certainement appris quelque chose ce soir. Et vous, messieurs de la Batterie des Canons à Vis, vous sentez-vous enclins à manger, quand on vous tire dessus avec de gros calibres, et que Double-Queue vous talonne?

– A peu près autant qu'à nous agenouiller pour permettre à des hommes de se vautrer sur nous, ou à foncer parmi des gens munis de couteaux. Je n'ai jamais entendu de pareilles balivernes. Une saillie de montagne, un fardeau bien équilibré, un conducteur à qui se fier pour vous laisser poser le pied où bon vous semble, et je suis votre mulet. Mais pour le reste – non! dit Billy en frappant du pied.

– Evidemment, dit le cheval de troupe, tout le monde n'est pas fait de la même étoffe, et je me doute que votre famille, du côté de votre père, avait la comprenoire fermée à bien des choses.

– T'occupe pas de ma famille du côté de mon père, dit Billy d'un ton de colère, car tout mulet déteste toute allusion à ses origines asiniennes. Mon père était un gentleman du Sud, capable de démolir et de réduire en charpie, par morsures et coups de pied, n'importe quel cheval. Mets-toi ça dans le crâne, gros Brumby marron!

– « Brumby », c'est un mustang sans éducation. Imaginez les sentiments de Sunol si un cheval de poste le traitait de « patin », et vous pouvez vous figurer ce que ressentit le cheval australien. Je vis le blanc de ses yeux étinceler dans le noir.

– Dis donc, fils d'un baudet malagais d'importation, grommela-t-il entre ses dents. Apprends que, du côté de ma mère, je suis apparenté à Carbine (Carabine), vainqueur de la Coupe de Melbourne; et dans mon pays, nous ne sommes pas habitués à nous laisser passer sur le ventre par le premier mulet venu à bec de perroquet, tête de cochon, dans une batterie de pistolets à bouchon et de sarbacanes. Tu es prêt?

– Debout, en appui sur les postérieurs! hurla Billy.

Tous deux se cabrèrent face à face; je m'attendais à un furieux combat quand une voix glouglouttante et gargouillante surgit de l'obscurité à droite :

– Enfants, qu'avez-vous à vous battre? Du calme.

Les deux bêtes retombèrent avec un ébrouement de dégoût, car la voix de l'éléphant est insupportable au cheval comme au mulet.

– C'est Double-Queue! dit le cheval de troupe. Je ne peux pas le piffer. Une queue à chaque bout, c'est pas normal!

– Entièrement d'accord, dit Billy en se serrant par sympathie contre le cheval de troupe. Nous avons vraiment des points communs.

– Nous les tenons de nos mères, j'imagine, dit le cheval de troupe. A quoi bon se chamailler, là-dessus? Hé! Tu es attaché, Double-Queue?

– Oui, dit Double-Queue, un frisson de rire remontant le long de sa trompe. Je suis au piquet pour la nuit. J'ai entendu tous vos propos. Mais n'ayez crainte. Je ne bouge pas d'ici.

Les bœufs et le chameau dirent à mi-voix : « Peur de Double-Queue... quelle ineptie! » Et les bœufs poursuivirent : « Nous sommes désolés que tu aies entendu, mais c'est la vérité. Double-Queue, pourquoi as-tu peur des canons quand ils tonnent?

– Eh bien, dit Double-Queue en se frottant une patte arrière contre l'autre, exactement comme un petit garçon qui récite un poème, je ne suis pas certain que vous comprendriez.

– Admettons, mais à nous de nous coltiner les canons, dirent les bœufs.

– Je le sais, et je sais que vous êtes bien plus intrépides que vous ne pensez. Mais pour moi, c'est différent. Le capitaine de ma batterie m'a traité d'Anachronisme Pachydermique l'autre jour.

– Quelque autre façon de combattre, sans doute? dit Billy, qui reprenait ses esprits.

– Bien évidemment, toi, tu ignores la signification de ce nom; mais moi, pas. Il veut dire : entre les deux, et c'est exactement où je me situe. Quand un obus va éclater, je puis, dans ma tête, anticiper les conséquences. Vous autres, bœufs, ne le pouvez.

– Moi si, dit le cheval de troupe; du moins, un petit peu. J'essaye de n'y pas penser.

– Je vois plus loin que toi, et ma pensée travaille là-dessus. Je sais que j'ai une grande surface à protéger, aussi, qu'une fois malade, personne ne sait me soigner. Tout leur recours se borne à suspendre la solde de mon cornac jusqu'à ma guérison, et je ne peux faire confiance à mon cornac.

– Ah! dit le cheval de troupe. Cela explique tout. Moi, je peux me fier à Dick.

– Tu me collerais un régiment entier de Dick sur le dos, cela n'arrangerait pas mes affaires. J'en sais juste assez pour me sentir mal à l'aise, et pas assez pour avancer quand même.

– Nous ne comprenons pas, dirent les bœufs.

– Je sais bien. Ce n'est pas à vous que je parle. Vous n'avez pas la moindre notion du sang.

– Mais si, dirent les bœufs. C'est une chose rouge qui s'infiltre dans la terre et dégage une odeur.

Ruade, écart, ébrouement du cheval de troupe.

– Ne parlez pas de ça, dit-il. Rien que d'y penser, je le sens d'ici. Ça me donne envie de fuir – quand je n'ai pas Dick sur le dos.

– Mais il n'y en a pas, ici, dirent le chameau et les bœufs. Pourquoi es-tu si stupide?

– C'est chose infecte, reprit Billy. Fuir, peut-être pas, mais je déteste en parler.

– Voilà! dit Double-Queue, avec un remuement de queue didactique.

– Sûrement. Oui, nous voilà ici toute cette nuit », dirent les bœufs.

Double-Queue trépigna au point de faire cliqueter son anneau de fer.

– Ah, mais ce n'est pas à vous que je parle. Vous êtes incapables de voir dans vos têtes.

– Exact. Nous voyons par nos quatre yeux, dirent les bœufs. Nous voyons droit devant nous.

– Si j'étais comme vous, et point à la ligne, on n'aurait absolument pas besoin de vous pour remorquer les gros canons. Si j'étais comme mon capitaine – lui voit des choses dans sa tête avant la fusillade, il tremble de la tête aux pieds, mais il en sait trop pour fuir –, si j'étais comme lui, je pourrais tirer les canons sous le feu. Mais dans ce cas, je serais trop avisé pour m'être laissé piéger ici. Je serais un roi de la forêt comme naguère, dormant la moitié du jour et me baignant à mon gré. Voilà un mois que je n'ai pas pris un bon bain.

– Tout cela est bien joli, dit Billy. Mais tes beaux noms à rallonge ne changeront rien à la chose.

– Chut! fit le cheval de troupe. Je crois comprendre ce que Double-Queue veut dire.

– Tu comprendras mieux dans une minute, dit Double-Queue sur un ton de colère. A présent, veux-tu m'expliquer pourquoi tu n'aimes pas ceci?

Il lança une série de barrissements déchaînés, de toutes ses forces.

– Arrête donc! dirent en chœur Billy et le cheval de troupe; je les entendis trépigner et frémir.

Un barrissement est toujours alarmant, surtout par nuit noire.

– Pas question, dit Double-Queue. Allez, expliquez-moi ça, s'il vous plaît! *Hhrrmph! Rrrt! Rrrmph! Rrrhha!* – Puis il s'arrêta brusquement, et une petite plainte dans l'obscurité m'avertit que Vixen m'avait enfin retrouvé. Elle savait aussi bien que moi que s'il est une hiérarchie des choses redoutables pour un éléphant, la pire au monde, c'est un petit chien aboyeur; aussi se mit-elle en devoir de harceler Double-Queue dans ses piquets, jappant autour de ses grosses pattes. Double-Queue s'agita et glapit : « Va-t'en, petit chien! Ne renifle pas mes chevilles, ou je t'envoie un coup de pied. Bon petit chien, gentil petit chien-chien, là! A la maison, sale petit jappeur! Oh, personne ne l'ôtera donc de là. Elle va finir par me mordre!

— Ce me semble, dit Billy au cheval de troupe, notre ami Double-Queue a peur de quasiment tout. Moi, si j'avais reçu pleine ration par chien amoché sur le terrain de manœuvres, je serais à cette heure presque aussi gros que Double-Queue. »

Je sifflai. Vixen courut à moi, toute crottée, me lécha le nez et me fit le long récit de ses recherches à ma poursuite dans tout le camp. Je ne lui ai jamais confié que je comprenais le langage des animaux, de peur de la voir prendre toute sorte de libertés. Je l'enfouis donc dans le plastron de mon manteau, bien boutonné, cependant que Double-Queue s'agitait, trépignait et grommelait dans sa trompe.

— Extraordinaire! Tout à fait extraordinaire. C'est de famille. A présent, où est passée cette infâme petite bête?

Je l'entendis tâter du bout de sa trompe.

— Il semble que nous ayons tous nos faiblesses, poursuivit-il en soufflant dans ses narines. Vous autres, messieurs, parûtes inquiets, je crois, lorsque je barris.

— Inquiets, c'est beaucoup dire, fit le cheval de troupe, mais j'éprouvai un fourmillement comme si j'avais des frelons à l'emplacement de ma selle. Ne recommence pas.

— Je suis effrayé par un petit chien, et le chameau

ici présent est effrayé par de mauvais rêves, la nuit.

— Il est fort heureux pour nous que nous n'ayons pas tous à combattre de la même façon, dit le cheval de troupe.

— Ce que j'aimerais savoir, dit le jeune mulet, silencieux depuis un bon bout de temps, oui, ce que j'aimerais savoir, c'est pourquoi nous devons nous battre, au fond.

— Parce qu'on nous le dit, répliqua le cheval de troupe, avec un ébrouement de mépris.

— Ce sont les ordres, dit le mulet Billy, avec un claquement des dents.

— *Hukm hai*! (C'est un ordre), dit le chameau dans un glouglou.

Double-Queue et les bœufs répétèrent :

— *Hukm hai*!

— Oui, mais qui donne les ordres? insista la nouvelle recrue.

— L'homme qui marche à notre tête. Ou qu'on porte sur le dos. Ou qui tient notre caveçon. Ou nous tord la queue, dirent l'un après l'autre Billy, le cheval de troupe, le chameau et les bœufs.

— Mais, à eux, qui donne les ordres?

— Là, tu veux trop en savoir, jeunot, dit Billy. C'est bon pour t'attirer des coups de pied. Tu n'as qu'une chose à faire : obéir à l'homme à ta tête, sans poser de questions.

— Il a tout à fait raison, dit Double-Queue. Personnellement, je ne puis toujours obéir, étant entre les deux. Mais Billy a raison. Obéissez à l'homme près de vous qui donne l'ordre, ou vous arrêtez toute la batterie, sans compter la dérouillée que vous écopez.

Les bœufs de batterie se levèrent pour partir.

— Le matin s'annonce, dirent-ils. Nous allons repartir vers nos lignes. Il est vrai, nous ne voyons que par nos yeux et nous ne sommes pas très intelligents; cependant, nous sommes les seuls, cette nuit, à n'avoir pas eu peur. Bonne nuit, gens de vaillance.

Personne ne répondit et, manière de changer la conversation, le cheval de troupe demanda :

– Où est passé ce petit chien? Un chien, ça veut dire un homme pas loin.

– Ici, jappa Vixen, sous la culasse du canon, avec mon maître. Toi, espèce de gros chameau gaffeur, toi là-bas, c'est toi qui as renversé notre tente. Mon maître est très en colère.

– Peuh! dirent les bœufs. C'est sans doute un blanc!

– Bien sûr, dit Vixen. Vous imaginez peut-être que c'est un bouvier noir qui prend soin de moi?

– *Huah! Ouach! Ugh!*, firent les bœufs. Allons-nous-en, et vite.

Ils piquèrent du nez dans la boue et se débrouillèrent pour enfiler leur joug dans le timon d'un chariot de munitions, où il resta coincé.

– A la bonne heure, c'est réussi, dit Billy avec calme. Inutile de vous débattre. Vous êtes bloqués jusqu'à l'aube. Mais qu'est-ce qui vous prend?

Ivres de longs ébrouements sifflants, à la manière du bétail indien, les bœufs poussaient, appuyaient, pivotaient sur eux-mêmes, piétinaient, glissaient, et faillirent tomber dans la boue, avec force grondements de fureur.

– Vous allez finir par vous rompre le cou, dit le cheval de troupe. Qu'est-ce qu'ils ont, les hommes blancs? Je vis avec eux.

– Ils nous... mangent! Tire! cria le bœuf le plus proche... Le joug se cassa net avec une vibration, et ils s'en allèrent ensemble d'un pas pesant.

Je n'avais pas compris, jusque-là, pourquoi le bétail indien avait une telle frousse des Anglais. C'est que nous mangeons du bœuf – un conducteur de bétail, lui, n'y touche jamais –, et naturellement, le bétail n'aime pas cela.

– Qu'on me flagelle avec mes propres chaînes de

sellette! Qui eût cru que deux gros morceaux pareils pouvaient perdre la tête? dit Billy.

– T'en fais pas. Je vais jeter un œil sur cet homme. La plupart des hommes blancs, je le sais, ont des choses dans les poches, dit le cheval de troupe.

– Je te laisse, alors, je ne peux pas dire que je raffole d'eux, moi-même. En outre, les hommes blancs sans gîte pour la nuit sont presque à coup sûr des voleurs, et j'ai sur le dos pas mal de biens du Gouvernement. Viens, jeunot, retournons à nos lignes. Bonne nuit, Australie! On se verra à l'exercice, demain, j'imagine. Bonne nuit, vieille Balle de Foin! Tâche de te maîtriser, veux-tu? Bonne nuit, Double-Queue! Si tu nous croises sur le terrain, demain, évite de barrir. Ça sème la pagaille dans notre formation.

Le mulet Billy s'éloigna, clopinant et plastronnant comme un vétéran; la tête du cheval de troupe vint renifler dans ma poitrine; je lui donnai des biscuits; pendant que Vixen, la plus vaniteuse des petites chiennes, lui racontait des bobards sur les vingtaines de chevaux que nous possédions, elle et moi.

– Je me rends à la parade demain, dans mon *dog-cart* (32), dit-elle. Où serez-vous?

– A la gauche du second escadron. Je règle l'allure pour toute ma troupe, ma petite dame, répondit-il poliment. A présent, je dois retourner auprès de Dick. Ma queue est toute crottée, et il a deux bonnes heures de rude besogne devant lui, pour me panser avant l'exercice.

La grande revue des trente mille hommes au grand complet se tint dans l'après-midi; Vixen et moi disposions d'une bonne place, tout près du Vice-Roi et de l'Amir d'Afghanistan, coiffé de son grand haut bonnet noir d'astrakhan, orné en son centre d'une grande étoile de diamant. La première partie de la revue fut radieuse de soleil, les régiments défilèrent, vague après vague de jambes se mouvant à l'unisson, fusils parfaitement alignés, jusqu'à en avoir la tête tournée. Ensuite, parut la cavalerie, au petit galop sur le bel air de Bonnie Dundee (33), et Vixen dressa les oreilles, sur la banquette du *dog-cart*. Le second escadron des Lanciers passa en flèche; et le cheval de troupe était bien là, la queue en soie filée, la tête rentrée dans le poitrail, une oreille pointée et l'autre couchée, réglant l'allure pour tout son escadron, le mouvement des pattes aussi souple que sur un air de valse. Puis vint le tour des gros canons, et j'aperçus Double-Queue avec deux autres éléphants attelés de front à un canon de siège de quarante, suivis de vingt attelages de bœufs. La septième paire portait un joug neuf et semblait quelque peu lasse et courbatue. Arrivèrent enfin les canons à vis : le mulet Billy se comportait comme s'il était à la tête de toutes les troupes, et son harnais clignotait, tant il avait été huilé et fourbi. J'acclamai, tout seul, le mulet Billy : rien n'aurait pu lui faire tourner la tête à droite ou à gauche.

La pluie se remit à tomber. Pendant quelque temps, la brume fut trop dense pour distinguer les mouvements des troupes. Elles avaient formé un grand demi-cercle à travers la plaine, et se déployaient en ligne. Cette ligne s'allongeait, s'allongeait, s'allongeait encore jusqu'à compter trois quarts de mille d'une aile à l'autre – solide muraille d'hommes, de chevaux, de canons. Puis ce bloc marcha droit sur le Vice-Roi et l'Amir, et, à son approche, le sol se mit à trembler, tel le pont d'un vapeur lorsque les machines tournent à plein régime.

A moins de l'avoir vécu, on ne peut imaginer l'effet effrayant de ce mouvement de troupes massif et inéluctable sur ces spectateurs, même sachant bien que ce n'est qu'une revue. Je regardai l'Amir. Jusque-là, il n'avait pas manifesté l'ombre d'un signe d'étonnement ou d'une autre émotion. Mais à cet instant, ses yeux s'agrandirent et se dilatèrent, il rassembla les rênes sur l'encolure de son cheval, et regarda derrière lui. Pendant une minute, il sembla sur le point de tirer son épée et de se tailler un passage à travers les Anglais, hommes et femmes, qui se trouvaient dans les voitures à l'arrière. Soudain, la marche en avant s'arrêta net, le sol retrouva son immobilité, la ligne tout entière salua, et trente cliques commencèrent à jouer en même temps. C'était la fin de la revue; les régiments repartirent vers leurs camps sous la pluie; une fanfare d'infanterie attaqua :

> Les animaux entraient deux par deux,
> Hourrah!
> Les animaux entraient deux par deux,
> L'éléphant et le mulet de batterie
> Et ils entrèrent tous dans l'Arche
> Pour se mettre à l'abri de la pluie!

J'entendis ensuite un vieux grisonnant chef d'Asie centrale, à longue chevelure, descendu avec l'Amir, poser des questions à un officier indigène :

– Dis-moi, comment fut accomplie cette chose étonnante?

Et l'officier répondit :

– Un ordre fut donné, et il fut obéi.

– Mais les bêtes sont-elles aussi avisées que les hommes? demanda le chef.

– Elles obéissent, tout comme les hommes. Mulet, cheval, éléphant ou bœuf obéit à son conducteur, le conducteur à son sergent, le sergent à son lieutenant, le lieutenant à son capitaine, le capitaine à son commandant, le commandant à son colonel, le colonel à son général de brigade qui commande trois régiments, et celui-ci à son général d'armée, qui obéit au Vice-Roi, qui est le serviteur de l'Impératrice. Ainsi est-ce fait.

– Ah, s'il en était de même en Afghanistan! dit le chef. On n'y obéit qu'à sa propre volonté.

– Et c'est pour cela, dit l'officier indigène en frisant sa moustache, que votre Amir, désobéi par vous, doit venir ici prendre les ordres de notre Vice-Roi.

CHANT DE PARADE DES ANIMAUX DU CAMP

Eléphants de batterie :

A Alexandre nous prêtâmes la force d'Hercule; la
                    [sagesse
De nos fronts; de nos genoux, l'adresse;
Nous courbâmes nos cous à la servitude perma-
                    [nente
Place, aux attelages de dix pieds, place, en vitesse!
De la file des canons de quarante!

Bœufs de batterie :

Ces héros harnachés ont très peur d'un boulet,
Ce qu'ils connaissent de la poudre dans tous leurs
                    [états les met :
Alors, nous remorquons les canons, notre heure se
                    [présente,
Place, place, aux attelages de vingt jougs
De la file des canons de quarante!

Chevaux de cavalerie :

Par la marque sur mon garrot, il n'est pas de
                    [chansons

Plus belles que l'air des Lanciers, des Hussards, des
[Dragons,
Plus me plaît que « l'Eau », ou bien « les Ecuries »,
Le galop de Cavalerie de « Bonnie Dundee ».
Nourrissez, dressez, maniez, pansez-nous,
De bons cavaliers et de l'espace donnez-nous,
Lancez-nous en colonne d'escadron, et voici
La belle allure du cheval de guerre devant « Bonnie
[Dundee »!

Mulets de canons à vis :

Quand moi et mes compagnons une rude côte nous
[grimpions
Le sentier se perdait sous les pierres roulantes,
[mais toujours nous avancions;
Nous savons nous tortiller, grimpailler, et partout
[arriver, mes petiots,
Et quel bonheur pour nous, à la cime d'une monta-
[gne, où quatre pattes, c'est une ou deux en trop!
Bonne chance au serpent qui nous laisse choisir nos
[pas!
Male chance à tous les conducteurs incapables de
[bien charger un bât!
Nous savons nous tortiller, grimpailler, et partout
[arriver, mes petiots,
Et quel bonheur pour nous, à la cime d'une monta-
[gne, où quatre pattes, c'est une ou deux en trop!

Chameaux d'intendance :

Pas de refrain de la chamellitude
Pour rythmer nos dandinantes attitudes,
Mais chacun de nos cous est un trombone en
[crin

(*Rtt-ta-ta-ta!*, est un trombone en crin!)
Et voici notre chanson de marche, d'habitude :

Peux pas! Fais pas! Irai pas! Veux pas!
Faites-la circuler sur la ligne!
De quelqu'un le fardeau a glissé de son dos,
C'est pas le mien, quelle guigne!
De quelqu'un le bât a basculé en contrebas-
Poussez des hourras pour une halte et un boucan!
Urr! Yarrh! Grr! Arrh!
Quelqu'un écope, maintenant!

Toutes les bêtes ensemble :

Nous sommes les enfants du camp
Servant chacun selon son rang;
Enfants du joug et de l'aiguillon, du bât,
Et du harnais, de la selle et de son matelas.
Voyez notre ligne ondulée
Comme une entrave enroulée,
Qui sur la plaine va se tortillant, au loin roulant,
Et tout vers la guerre balayant!
Tandis que les hommes à nos côtés,
Couverts de poussière, les yeux lourds, muets,
Sont bien incapables de dire pourquoi jour après
                                                    [jour
Nous devons, eux et nous, marcher et souffrir
                                                    [toujours.
Nous sommes les enfants du camp,
Servant chacun selon son rang,
Enfants du joug et de l'aiguillon, du bât
Et du harnais, de la selle et de son matelas.

(1) *Seeonee* : ville (et région) de la chaîne Satch-pura, au sud de Jabalpur.

(2) *Waingunga* : fleuve de l'Inde centrale (Maha-rashtra), affluent du Godavari, qui se jette dans le golfe du Bengale.

(3) *Sambhur* : sambar, grand cerf asiatique, des forêts de l'Inde et du Sri-Lanka, portant longue crinière.

(4) *Arbre dhâk* : flamboyant.

(5) *Anna* : un seizième de roupie.

(6) *Ile St-Paul* : dans la mer de Behring; fait partie des îles Pribilof.

(7) *Mer de Behring* : Kamtchatka, Aléoutiennes, Alaska. Mas Afuera en fait partie.

(8) *Ile Juán Fernández* : archipel du Pacifique, au large de Santiago du Chili.

(9) *Aléoute* : habitant des îles Aléoutiennes, archi-pel de l'Alaska sud, entre la mer de Behring et l'océan Pacifique.

(10) *Kerguelen* : îles de l'océan Indien, à peu près à égale distance de l'Australie et de la corne de l'Afrique.

(11) *Galapagos* : îles du Pacifique, sur l'Equa-teur.

(12) *Georgie* : île de l'Atlantique, au large des Falklands.

(13) *South Orkneys* : îles de l'Atlantique au sud de l'île de Georgie, Antarctique.

(14) *Emeraude* : sud de la Nouvelle-Zélande.

(15) *Rossignol* : (ou Tristan da Cunha) Atlantique. Entre l'Afrique du Sud et l'Uruguay.

(16) *Gough* : Atlantique; au sud de Rossignol.

(17) *Bouvet* : (Norvège). Atlantique, près du cercle polaire antarctique.

(18) *Iles Crozet* : îles de l'océan Indien, entre les Kerguelen et la Corne de l'Afrique.

(19) Les *vibrilles* sont les moustaches du phoque.

(20) *Frog Footman* : Dans *Alice au Pays des Merveilles*, c'est le valet de pied qui salue toujours et ne répond jamais.

(21) *Guerre afghane de 1842* : L'Afghanistan fut un Etat tampon entre les impérialismes anglais et russe. Il y eut trois guerres afghanes : a) première guerre anglo-afghane (1839-1842), l'émir Dust Muhammad est destitué, puis à la suite d'une insurrection et de la destruction de l'armée anglaise d'Alexander Burnes (1842), replacé sur le trône; b) deuxième guerre (1878); c) troisième guerre, dite guerre d'Indépendance, qui consacre la pleine reconnaissance de la souveraineté de l'Afghanistan. Armistice de Rawalpindi (1919), et traité de Kaboul (1921).

(22) *Magdala* : ville d'Ethiopie, dans l'Ouollo (nord d'Addis-Abeba, Abyssinie.) Le négus Théodoros tenait emprisonnés dans cette forteresse des ressortissants britanniques. Assiégé, il se suicida pendant le siège et la forteresse fut prise par le maréchal Napier en 1868, et les enfants du négus, faits prisonniers.

(23) *Moulmein* : ville de Birmanie, golfe de Martaban, ayant Rangoon pour vis-à-vis.

(24) *Montagnes de Garo* : Inde, Meghalaja, actuellement près de la frontière du Bengla-Desh.

(25) *Sahib* : Mot utilisé par les indigènes en Inde

pour désigner un Anglais ou un Européen. Mahout : cornac.

(26) *Cawnpore* : Kanpur. Ville proche de Lucknow, dans l'Uttar Pradesh.

(27) *Rivière Dihang* : partie moyenne du Brahmapoutre pendant sa traversée de l'Himalaya.

(28) *Shiva* : L'un des dieux hindous les plus populaires.

(29) *Rawalpindi* : (Islamabad.) Important centre militaire et commercial du Nord-Pendjab.

(30) *Gommiers bleus* : des eucalyptus d'Australie.

(31) *Hapur* : Ville de l'Uttar Pradesh, à l'est de Delhi.

(32) *Dog-cart* : véhicule hippomobile, à deux ou quatre roues, comportant un compartiment pour loger les chiens menés à la chasse.

(33) *Bonnie Dundee* : vieil air de ralliement des partisans des Stuarts au temps de Cromwell. Il rythme, en général, les défilés au galop de la cavalerie anglaise.

TABLE DES MATIÈRES

Achevé d'imprimer
par Maury-Eurolivres S.A.
45300 Manchecourt

Imprimé en France
Dépôt légal : Mai 1995